westermann

AF715853

Fit fürs Gymnasium

10-Minuten-Trainer

Geometrie

Übertritt

4→5

Fit fürs Gymnasium

10-Minuten-Trainer

Geometrie

Autorin:
Tanja Blumberg ist Grundschullehrerin und arbeitet als Autorin für Lernhilfen.

Druck A[2] / Jahr 2024
Alle Drucke der Serie A sind im Unterricht parallel verwendbar.

Redaktion: Katja Bouché
Kontakt: lernhilfen@westermanngruppe.de
Illustrationen: Hans-Jürgen Feldhaus, Münster, Thies Schwarz, Hannover
Grafiken: Satz & Grafik Walter Laß, Meitingen, imprint, Zusmarshausen
Umschlaggestaltung und Layout: Janssen Kahlert Design & Kommunikation GmbH, Hannover
Umschlagfoto: iStockphoto.com, Calgary: Troels Graugaard
Druck und Bindung: Westermann Druck Zwickau GmbH, Crimmitschauer Straße 43, 08058 Zwickau

ISBN 978-3-7426-**0294**-7

Vorwort

Liebe Schülerin, lieber Schüler,

du stehst kurz vor dem Übertritt von der 4. in die 5. Klasse und willst dich schnell noch einmal fit fürs Gymnasium machen? Dann ist der **10-Minuten-Trainer** genau das Richtige für dich! Mit diesem Arbeitsheft kannst du alle wichtigen Inhalte des Lernbereichs **Geometrie** wiederholen und üben.

Zu jedem Thema gibt es eine **Doppelseite**, die du in 10 Minuten bearbeiten kannst. So wird der Stoff in übersichtliche Einheiten gegliedert, die dir das Lernen erleichtern.

Anschaulich erklärte **Regeln** und **Tipps** helfen dir bei der Bearbeitung der Aufgaben.

Natürlich gibt es in diesem Heft auch einen **Lösungsteil**, mit dessen Hilfe du überprüfen kannst, ob du die Übungsaufgaben richtig bearbeitet hast. Du findest ihn ab Seite 54.
Übrigens: Für jede gelöste Doppelseite darfst du dich mit einem **Erfolgssticker** belohnen. Klebe ihn einfach in das dafür vorgesehene Feld.

Wenn du im Fach Mathematik noch mehr üben möchtest, sieh dir doch auch den Band ***Fit fürs Gymnasium Intensiv-Trainer 4→5 Mathematik*** (ISBN 978-3-507-23272-3) an. Dieses Arbeitsbuch bietet zahlreiche Übungen und Tests zu den wichtigsten Lernbereichen des gesamten Matheunterrichts der Grundschule.

Und damit deine Eltern dich auf deinem Weg ins Gymnasium noch besser unterstützen können, haben wir im Internet unter **www.westermann.de/uebertritt-gymnasium** hilfreiche Tipps und praktische Checklisten für sie zusammengestellt.

Viel Erfolg beim Üben mit dem **10-Minuten-Trainer**!

Das Lernhilfen-Team

Inhaltsverzeichnis

Deine Materialkiste

Hier findest du alle Materialien, die du für die Arbeit mit diesem Trainer benötigst.

Nimm eine Kiste, zum Beispiel einen Schuhkarton, und lege alle Materialien hinein. Dann hast du stets das, was du benötigst, parat.

Du brauchst:
- ein kariertes Heft oder einen Block Din A 4
- Blankopapier Din A 4
- Zeitungspapier
- festes Buntpapier oder Karton
- einen gut gespitzten Bleistift (zum Zeichnen)
- evtl. einen Füller (sieht zum Zahlen Schreiben schöner aus als Bleistift)
- Buntstifte
- einen Anspitzer
- ein Radiergummi
- eine Schere
- Kleber
- ein Lineal
- ein Geodreieck
- einen Zirkel
- einen kleinen Spiegel

Wenn du deine Materialkiste fertig hast, kannst du den ersten Sticker einkleben!

Hier kannst du deinen Erfolgssticker platzieren.

Flächenformen

Flächenformen sind alle Formen, die man auf Papier aufmalen kann. Sie sind zweidimensional.

Die wichtigsten geometrischen Flächenformen:

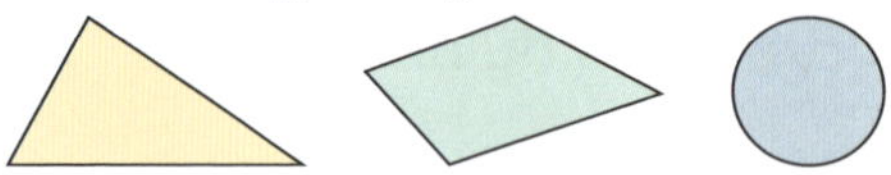

Dreieck Viereck Kreis

Mitunter spielen auch andere Vielecke eine Rolle.

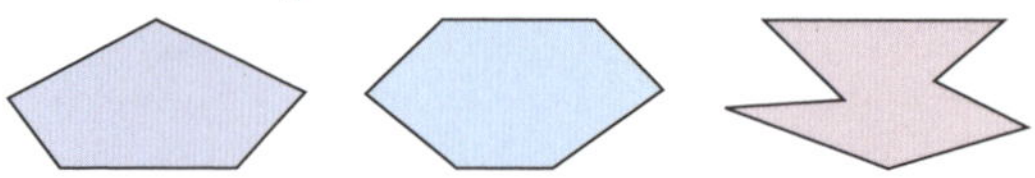

Fünfeck Sechseck Siebeneck …

Es gibt verschiedene **Vierecke**.

Besondere Vierecke:

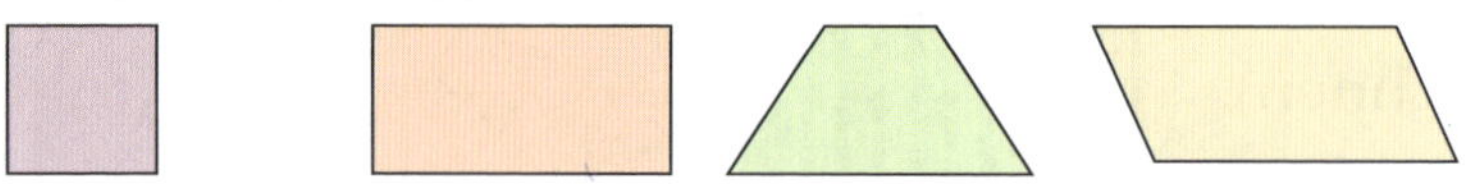

Quadrat Rechteck Trapez Parallelogramm

Beliebige Vierecke können ganz verschiedene Formen haben.

Alle Vierecke haben 4 Ecken.

1 **Zeichne folgende Flächenformen:**

ein Quadrat, ein Fünfeck, ein Achteck.

2 Welche Flächenformen sind es?

Kennzeichne Kreise gelb, Quadrate grün, Rechtecke blau, Trapeze lila, Parallelogramme türkis, beliebige Vierecke hellgrün, Dreiecke rot.

Hier kannst du deinen Erfolgssticker platzieren.

Flächen und Geraden

Rechte Winkel

Viele Flächenformen haben rechte Winkel.
Ein **rechter Winkel** entsteht, wenn 2 Linien senkrecht aufeinander stehen.

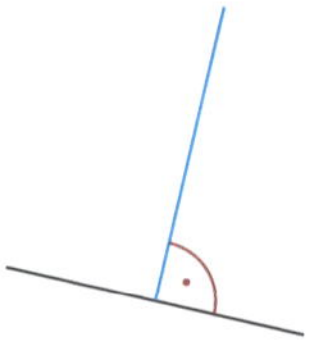

Einen rechten Winkel kennzeichnet man so:

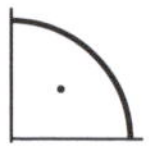

Einen rechten Winkel kannst du leicht als Faltwinkel herstellen.
Das geht so:

1 **Stelle einen Faltwinkel her:**

Reiße ein etwa handgroßes Stück Papier von einer Zeitung oder anderem Altpapier ab. Falte das Stück Papier. Ziehe die Faltlinie mit einem roten Stift nach und falte es wieder. Das Papier soll so gefaltet sein, dass die rote Faltlinie zusammengeklappt aufeinander liegt. Die beiden Faltkanten bilden einen rechten Winkel.

2 **Finde bei dir zuhause 10 rechte Winkel.**

Was hast du gefunden? Notiere deine Ergebnisse.

....

....

....

3 **Miss mit deinem Faltwinkel.**

Kennzeichne alle rechten Winkel so: 

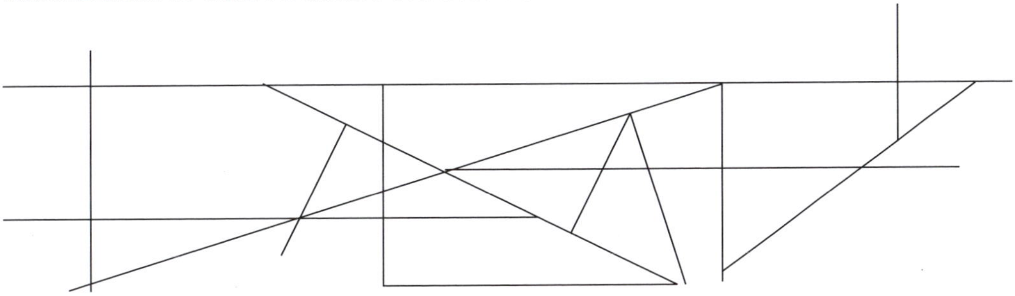

4 **Hier sind rechte Winkel versteckt.**

Prüfe mit deinem Faltwinkel und zeichne die rechten Winkel ein.

Hier kannst du deinen Erfolgssticker platzieren.

Rechte Winkel und das Geodreieck

Mit dem **Geodreieck** kann man rechte Winkel auf verschiedene Weisen feststellen und zeichnen.

1. Hier findest du einen rechten Winkel ähnlich wie beim Faltwinkel.

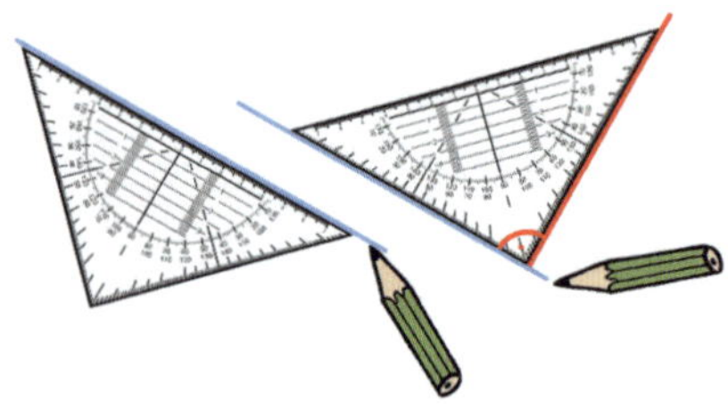

2. Die Arbeit mit der Mittellinie ist auf den ersten Blick etwas schwieriger zu handhaben. Sie ist aber mit etwas Übung genauer und vielseitiger.

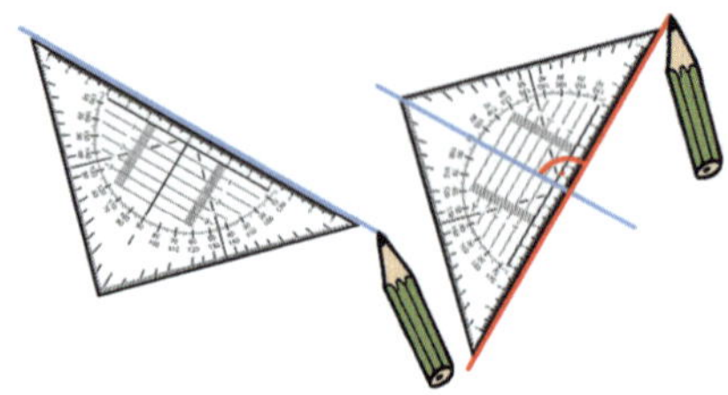

1 **Schau dir das abgebildete Geodreieck an und vergleiche es mit deinem Geodreieck.**

Du findest viele rechte Winkel am Geodreieck.

a) Markiere sie mit 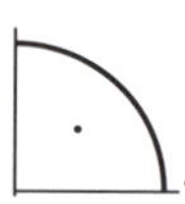.

b) Wie viele rechte Winkel sind es?

....

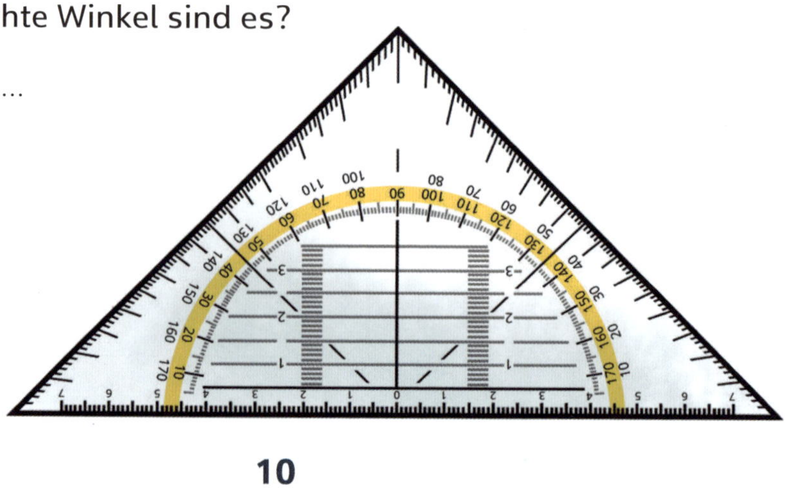

2 **Zeichne 6 senkrechte Geraden zu der roten Geraden ein.**

Zeichne mit dem Geodreieck auf verschiedene Weisen.

3 **Welche der Geraden verlaufen senkrecht zur roten Linie?**

Prüfe mit der Mittellinie des Geodreiecks. Zeichne die senkrechten Linien blau nach.

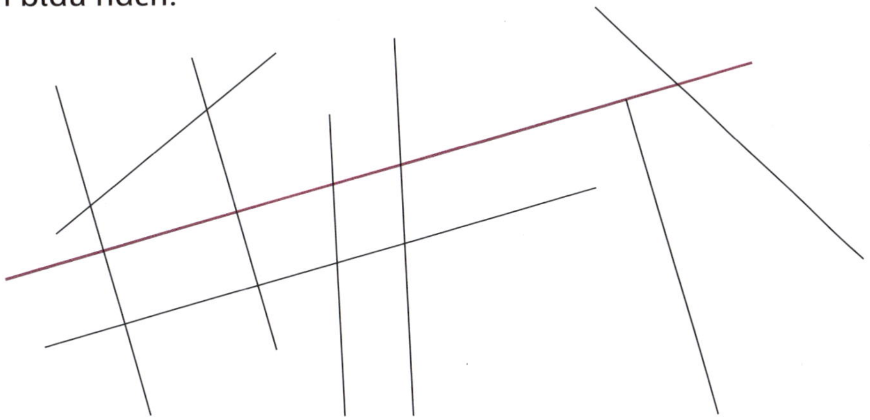

4 **Zeichne ein Rechteck mit dem Geodreieck.**

Ein Rechteck hat stets 4 rechte Winkel. Markiere die rechten Winkel.

Hier kannst du deinen Erfolgssticker platzieren.

Parallele Geraden

Parallele Geraden verlaufen nebeneinander und treffen sich nie.

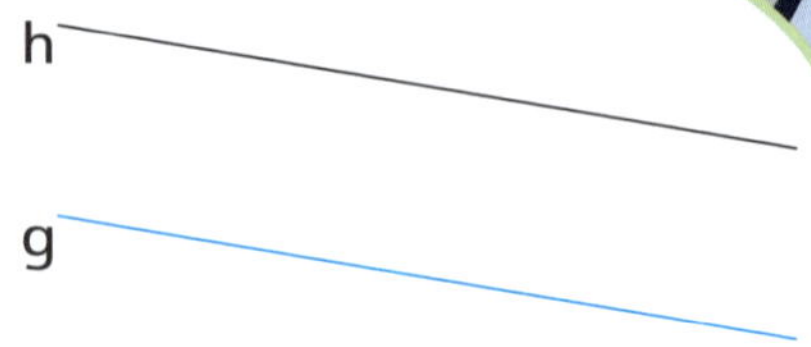

Eine **Gerade** ist eine gerade Linie ohne Anfangs- und Endpunkt.
Du kannst sie mit dem Geodreieck oder dem Lineal zeichnen.

Auf dem Geodreieck findest du mehrere parallele Abstandslinien.

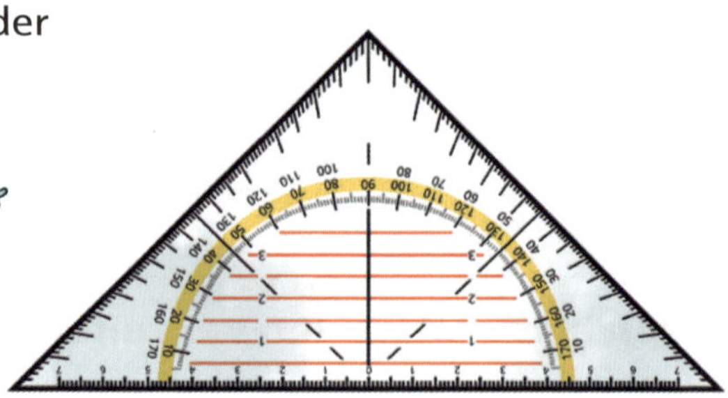

1 Parallele Geraden zeichnen

a) Zeichne eine Gerade mit dem Geodreieck. Lege das Geodreieck so an, dass eine Abstandslinie des Geodreiecks auf der gezeichneten Linie liegt. Zeichne dann eine parallele Gerade dazu.

b) Zeichne auf die gleiche Weise 2 weitere parallele Geraden.

2 Wo findest du parallele Geraden?

Schau dich bei dir zuhause um. Schreibe 5 Dinge auf:

....

....

3 Stell dir das vor!

Fallen dir weitere Dinge ein,
für die Parallelität wichtig ist?
Schreibe auf.

....

....

4 Welche Geraden verlaufen parallel zur roten Linie?

Prüfe mit dem Geodreieck. Markiere die parallelen Geraden blau.

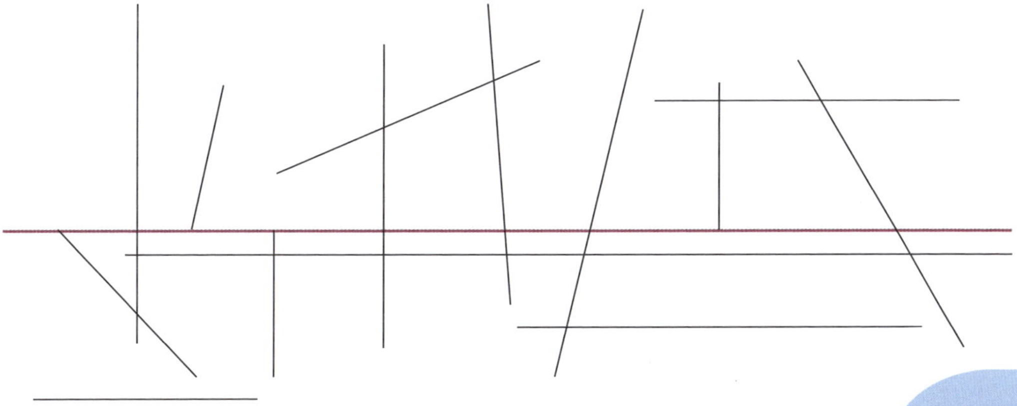

Hier kannst du deinen Erfolgssticker platzieren.

Strecken und parallele Geraden

Eine gerade Linie, die durch 2 Endpunkte begrenzt wird, heißt **Strecke**.
Sie wird so gekennzeichnet: $\overline{AB}$

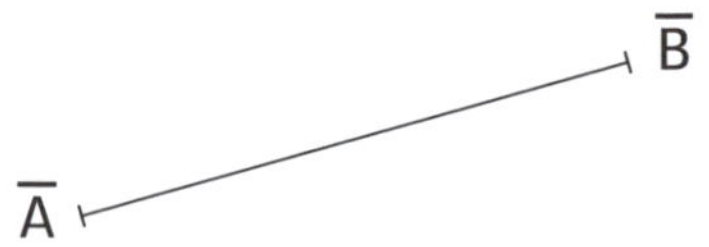

Du kannst die **Länge einer Strecke** abmessen, indem du den Nullpunkt des Geodreiecks an einen der Endpunkte legst und die gewünschte Strecke bis zum anderen Endpunkt abmisst und markierst.

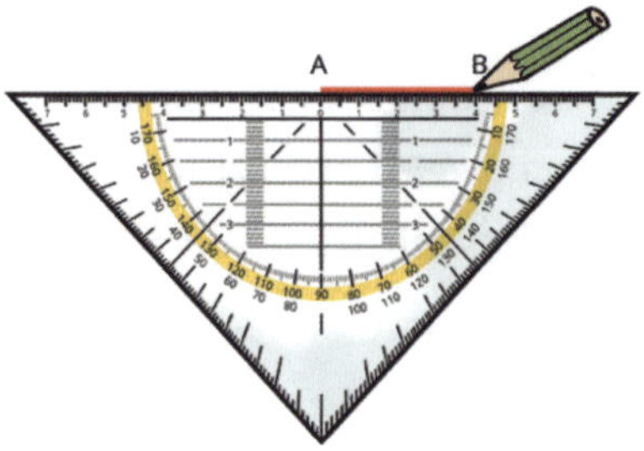

1 **Miss die Längen der Strecken und trage sie ein.**

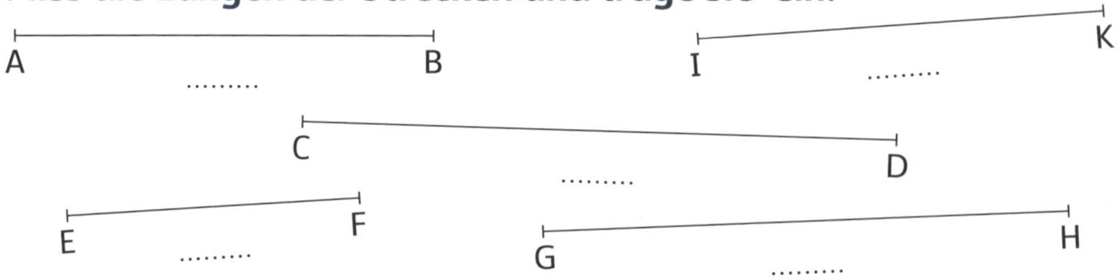

2 **Zeichne Strecken mit den folgenden Längen:**

$\overline{AB}$: 3 cm; $\overline{CD}$: 5,5 cm; $\overline{EF}$: 4,6 cm

3 **Markiere auf der roten Gerade eine Strecke $\overline{AB}$ mit der Länge 5 cm.**

Zeichne 3 parallele Strecken zu $\overline{AB}$ mit den Längen 4 cm, 6 cm und 7 cm.

A

4 **Zeichne zur roten Gerade 5 senkrechte Linien im Abstand von je 1 cm.**
Markiere auf jeder Senkrechten eine Strecke von 3 cm.
Was fällt dir auf?

Mir fällt auf:

....

....

....

Hier kannst du deinen Erfolgssticker platzieren.

Flächeninhalt

Die Größe einer Fläche nennt man **Flächeninhalt**.
Den Flächeninhalt von kleinen Flächen kann man in Zentimeterquadraten messen.

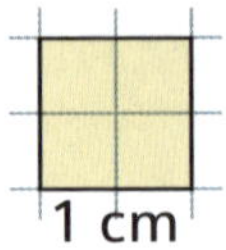

Ein **Zentimeterquadrat (cm^2)** sind 4 Kästchen in deinem Matheheft. Jede Seite des Quadrats ist 1cm lang.
Um den Flächeninhalt zu bestimmen, kannst du die Zentimeterquadrate zählen.

1 Bestimme den Flächeninhalt.

Wie viele Zentimeterquadrate sind es?

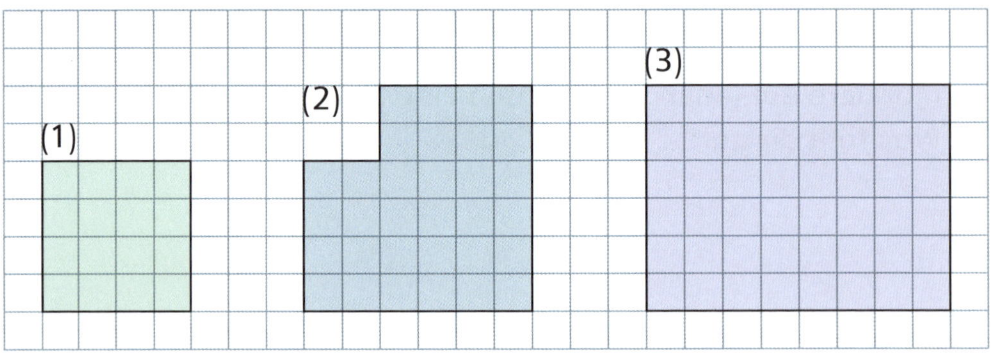

(1) .... (2) .... (3) ....

2 Ordne die Flächen nach ihrer Größe.

Miss mit dem Geodreieck. Miss in Zentimeterquadraten.
Schreibe dann die Flächen der Größe nach auf. Beginne mit der kleinsten.

TIPP Zeichne Zentimeterquadrate ein.
Es gibt auch halbe Zentimeterquadrate.

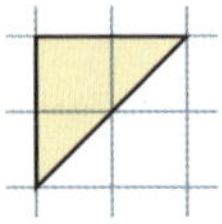

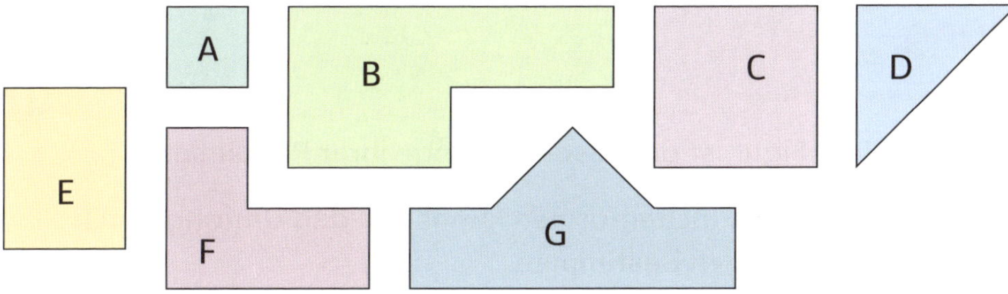

Antwort: ....

....

3 Wer bekommt das größere Zimmer?

Antwort: ....

Den Flächeninhalt eines Rechtecks kannst du ausrechnen, indem du die Länge der kurzen Seite mit der Länge der langen Seite multiplizierst.

$1\ \text{cm} \cdot 2\ \text{cm} = 2\ \text{cm}^2$

Das lernst du genauer in der weiterführenden Schule.

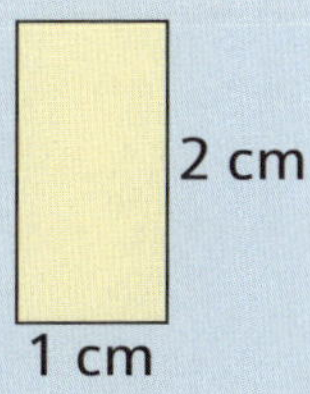

Hier kannst du deinen Erfolgssticker platzieren.

Umfang

Der **Umfang** einer Figur ist die gesamte Länge ihrer Randlinie.

Bei den geometrischen Flächenformen kannst du den Umfang durch Addieren der Seitenlängen bestimmen.

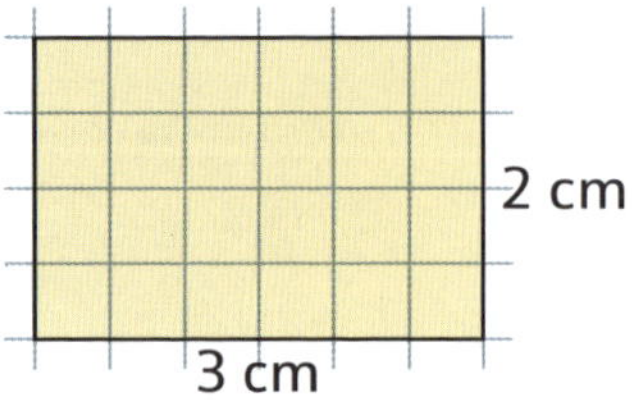

Umfang: 2 cm + 2 cm + 3 cm + 3 cm = 10 cm

Der Umfang beträgt 10 cm.

1 Bestimme den Umfang der Figuren.

Miss mit dem Geodreieck.

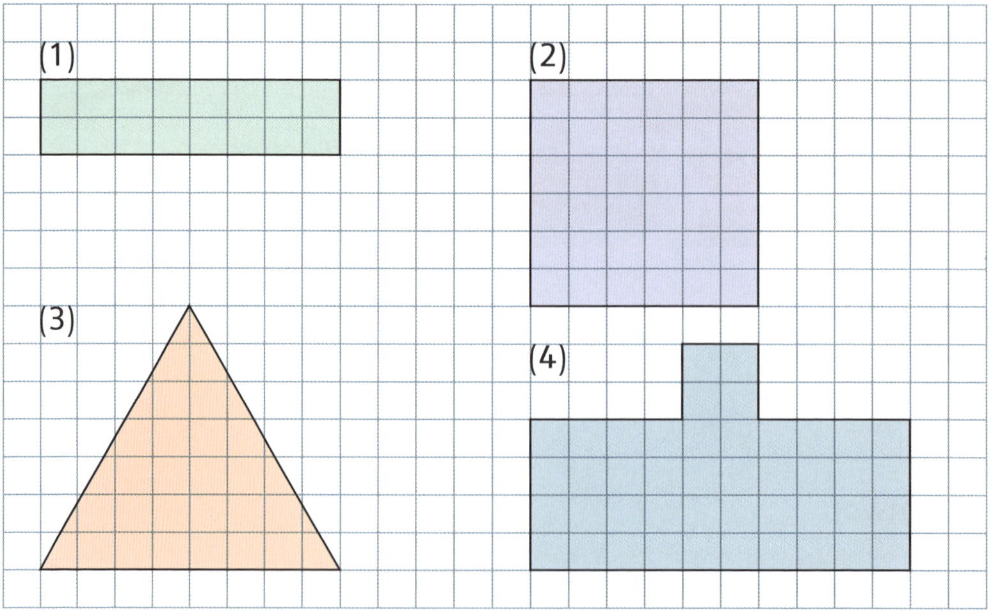

(1) .... + ... + ... + ... = ...

(2) ....

(3) ....

(4) ....

2 Flächeninhalt und Umfang von Rechtecken.

a) Zeichne auf einem extra Blatt. Zeichne jeweils mindestens 2 verschiedene Rechtecke mit dem Flächeninhalt
(1) 4 cm^2 (2) 6 cm^2 (3) 12 cm^2.

TIPP Ein Quadrat ist ein besonderes Rechteck, bei dem alle Seitenlängen gleich sind.

b) Miss den Umfang der entstandenen Rechtecke. Was fällt dir auf?

Und hier habe ich noch eine spannende Zusatz-Aufgabe für dich!

3 Flächeninhalt und Umfang bei einem Blatt Papier.

a) Nimm ein Blatt Papier (A4) und miss den Umfang des Blattes. Falte es dann dreimal. Entfalte es wieder und schneide es entlang der Faltlinien auseinander. Setze es nun auf 3 verschiedene Weisen zusammen und bestimme jeweils den Umfang.

b) Der Flächeninhalt ist bei allen 3 gelegten Figuren genau gleich mit deinem Ursprungsblatt. Wie ist es mit dem Umfang? Erkläre den Zusammenhang von Umfang und Flächeninhalt.

Hier kannst du deinen Erfolgssticker platzieren.

Maßstab – Vergrößern und verkleinern

Um große Dinge wie ein Pferd in einem Buch abzubilden, müssen wir sie **verkleinern**. Kleine Dinge, wie eine Körperzelle, müssen wir **vergrößern**, damit sie für uns sichtbar sind.
Beim Verkleinern und Vergrößern muss man Regeln einhalten, damit die Abbildung dem Original in Form und Aussehen entspricht.

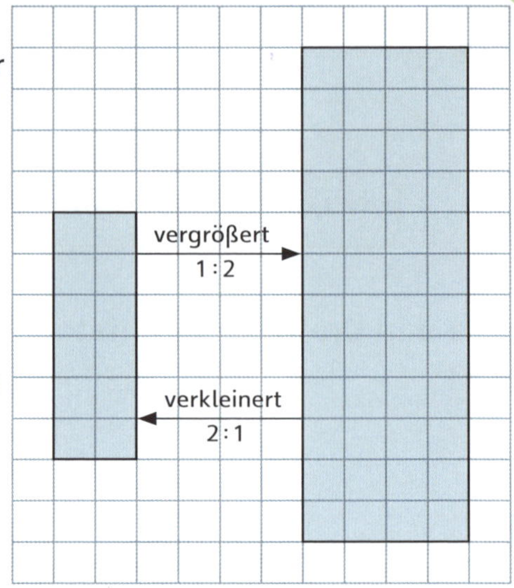

Hierfür gibt es den **Maßstab**.
Wenn wir etwas doppelt so groß darstellen wollen, so müssen wir alle Längen verdoppeln. Wir haben dann den **Maßstab 1 : 2**.
Wenn wir etwas halb so groß darstellen, so ist der **Maßstab 2 : 1**.

1 **Zeichne die Figur doppelt so groß in das Kästchenfeld rechts.**

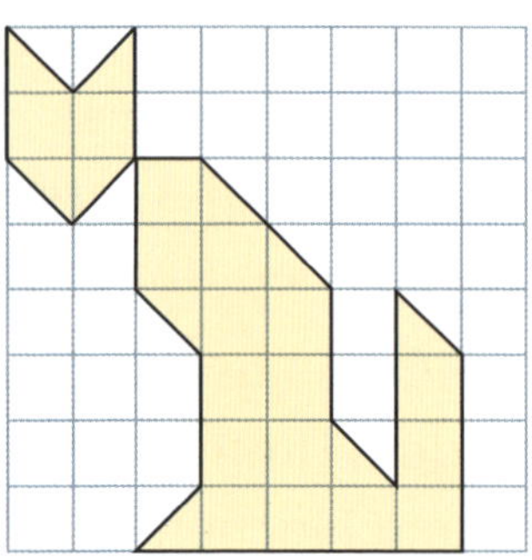

2 Wie groß sind sie wirklich?

a) Die Bienenkönigin ist im Maßstab 3 : 1 abgebildet.
Wie lang ist sie in Wirklichkeit?
Miss mit deinem Geodreieck und rechne eine Geteilt-Aufgabe.

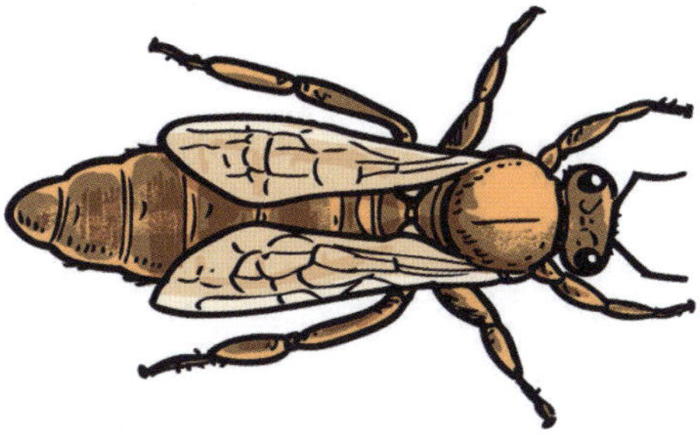

Antwort: ....

b) Das Pferd ist im Maßstab 1 : 50 abgebildet.
Wie lang ist es in Wirklichkeit?
Miss mit dem Geodreieck und rechne eine Mal-Aufgabe.

TIPP 100 cm = 1 m

Antwort: ....

Wenn du noch Zeit hast...

3 Forsche im Internet über dein Lieblingstier.

Wie groß ist es? Überlege, in welchem Maßstab du es zeichnen könntest. Gib den Maßstab an und versuche eine maßstabsgetreue Zeichnung des Tieres. Verwende dafür ein extra Blatt.

Hier kannst du deinen Erfolgssticker platzieren.

Maßstab – Pläne

Große Flächen werden in einem passenden Maßstab so verkleinert, dass man wichtige Details erkennen kann.

Bei Wohnungen nennt man dies **Grundrisszeichnung**.

Städte und Länder werden in **Stadtplänen** und auf **Landkarten** abgebildet.

1 **Dies ist die Grundrisszeichnung einer Wohnung im Maßstab 1 : 100.**

Wie lang und breit ist die Wohnung insgesamt?
Miss den Grundriss aus und rechne um.

Wohnungen werden in Meterquadraten gemessen.
1 m^2 ist ein Quadrat mit einer Seitenlänge von 1 m.

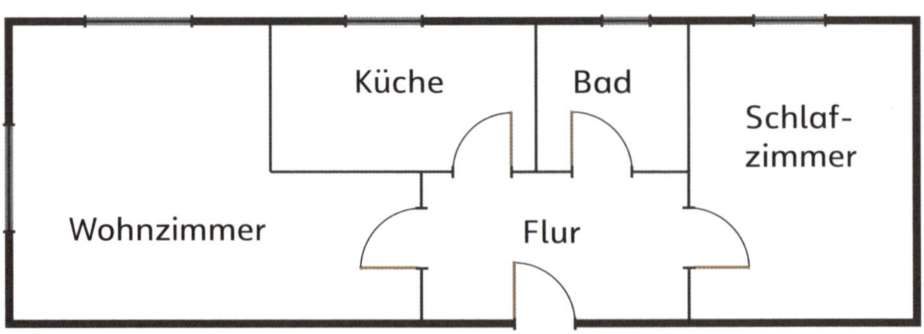

	Grundriss		Wirklichkeit	
	Länge	Breite	Länge	Breite
Wohnung gesamt				

Kannst du auch die Größe der Zimmer berechnen?

2 **Dies ist der Stadtplan von Stuttgart, der Hauptstadt von Baden-Württemberg. Der Maßstab beträgt 1 : 10 000.**

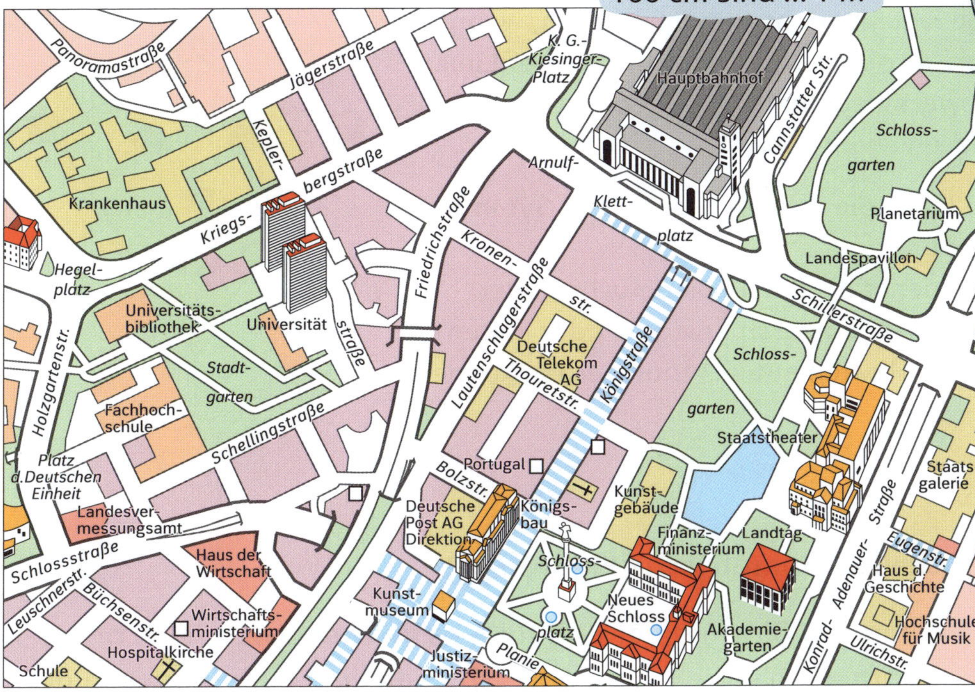

Markiere den Hauptbahnhof, das Denkmal in der Mitte des Schlossplatzes und die Universitätsbibliothek rot. Zeichne dann deinen Weg in den Stadtplan ein und miss ihn mit dem Geodreieck.

a) Wie weit ist es vom Hauptbahnhof bis zum Denkmal?

Auf der Karte: .... In Wirklichkeit: ....

b) Wie weit ist es vom Denkmal am Schlossplatz bis zur Universitätsbibliothek? Gehe durch den Stadtgarten.

Auf der Karte: .... In Wirklichkeit: ....

c) Wie weit ist es von der Universitätsbibliothek zurück zum Hauptbahnhof?

Auf der Karte: ....

In Wirklichkeit: ....

Hier kannst du deinen Erfolgssticker platzieren.

Achsensymmetrie

Eine Figur ist **achsensymmetrisch**, wenn man sie durch das Einzeichnen einer Linie in zwei spiegelbildlich angeordnete, gleiche Hälften teilen kann.

Die Linie, die die Figur teilt, heißt **Symmetrieachse**.
Man nennt sie auch Spiegelachse oder Faltachse, da durch Spiegeln oder Falten die beiden Hälften gut sichtbar werden können.

1 Stelle symmetrische Figuren her.

Nimm ein Blatt Papier und falte es in zwei etwa gleich große Teile. Nimm dann eine Schere und schneide eine Figur aus dem gefalteten Papier. Klappe das Papier wieder auseinander.

Die Faltlinie ist deine Symmetrieachse. Es sind zwei symmetrische Hälften entstanden.

Auf diese Weise kannst du hübsche Dekorationen, Glückwunschkarten und andere nette Kleinigkeiten herstellen. Viel Spaß!

2 Nimm einen kleinen Spiegel.

a) Stelle den Spiegel so auf die abgebildeten Figuren, dass du immer zwei gleiche Figuren siehst.

b) Stelle den Spiegel so auf die Figuren, dass du die gleiche Figur immer nur einmal siehst. Bei welchen Figuren geht das? ....

c) Welche der Figuren sind achsensymmetrisch? Kreuze an.

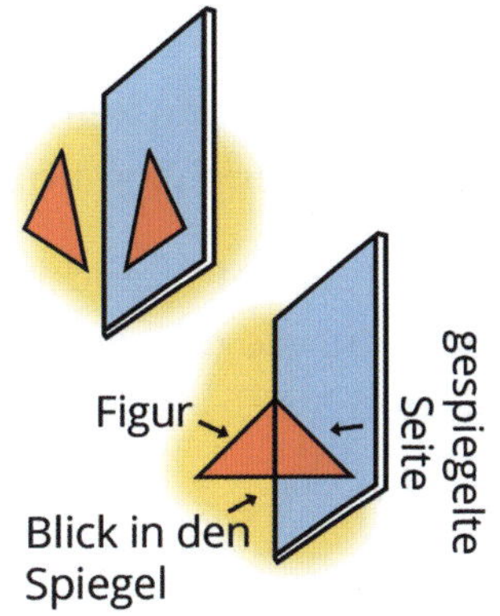

A ☐

B ☐

C ☐

D ☐

E ☐

3 Diese Figuren sind nicht ganz symmetrisch.

Ergänze sie symmetrisch durch Zeichnen. Male sie dann an.

Hier kannst du deinen Erfolgssticker platzieren.

Figuren mit mehreren Symmetrieachsen

Figuren können keine, eine oder mehrere Symmetrieachsen haben.

Ein Kreis hat unendlich viele Symmetrieachsen, die alle durch seinen Mittelpunkt laufen.

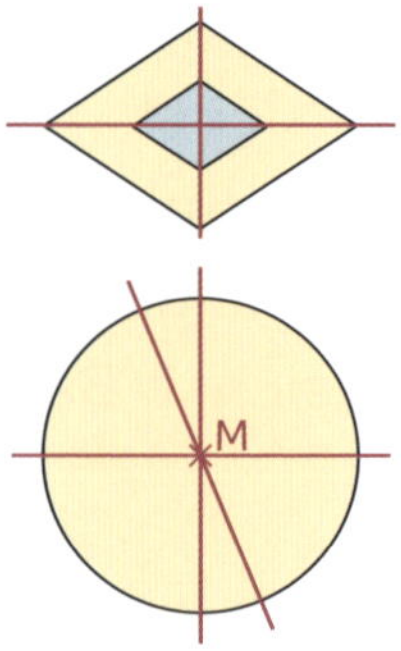

1 Die Figuren haben keine, eine oder mehrere Symmetrieachsen.

Zeichne alle Symmetrieachsen ein.

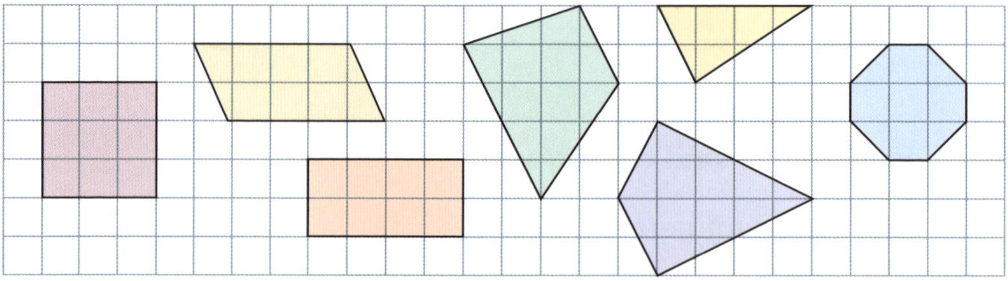

2 Zeichne die Symmetrieachsen in das Mandala ein.

3 Vervollständige durch Spiegelung.

a) Spiegele die Punkte an der Symmetriachse.

TIPP Miss den Abstand des Punktes mit dem Geodreieck ab, indem du die Mittellinie des Geodreiecks auf die Symmetrieachse legst. Dann misst du den Abstand des Punktes von der Symmetrieachse auf einer gedachten senkrechten Linie zur Symmetrieachse. Auf der anderen Seite der Achse zeichnest du den Spiegelpunkt im gleichen Abstand ein.

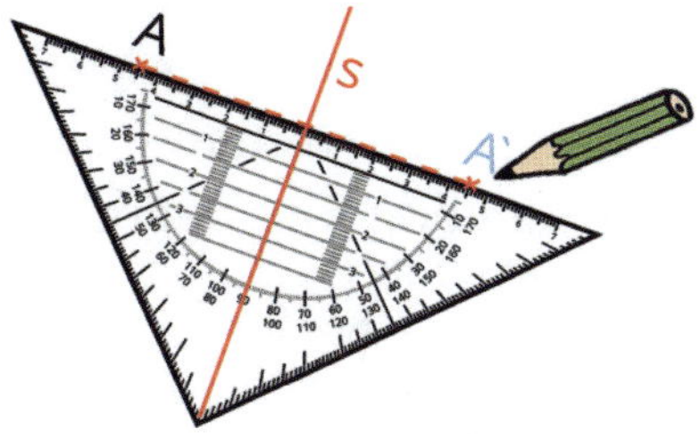

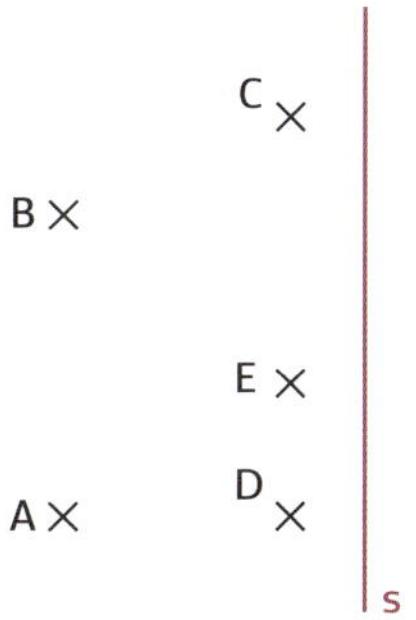

b) Verbinde die Punkte A, B, C, C‘, B‘, A‘ und wieder A zu einer symmetrischen Figur. Verbinde auch D, E, E‘ und D‘.
Male die Figur farbig an.
Was stellen D, E und ihre Spiegelpunkte dar?

Antwort: ....

4 Spiegele das Dreieck an der Symmetrieachse.

Verwende dein Geodreieck.

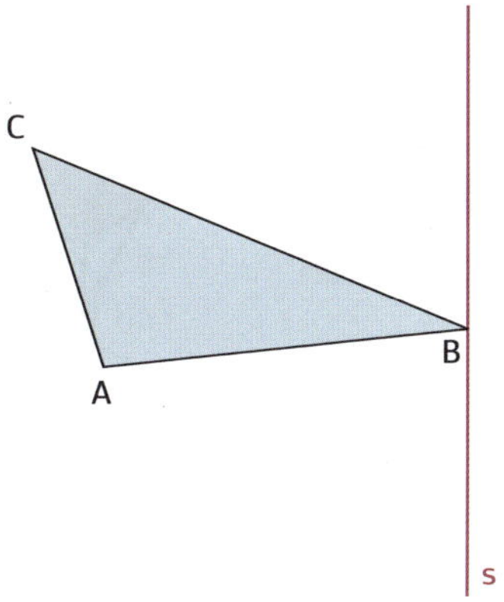

Hier kannst du deinen Erfolgssticker platzieren.

Drehsymmetrie

Neben der Achsensymmetrie gibt es auch andere Symmetrien.

Eine Figur ist **drehsymmetrisch**, wenn sich durch eine Drehung (aber weniger als eine ganze Drehung) wieder die Ausgangsfigur ergibt. Der Punkt, um den die Figur gedreht wird, heißt **Drehpunkt**.

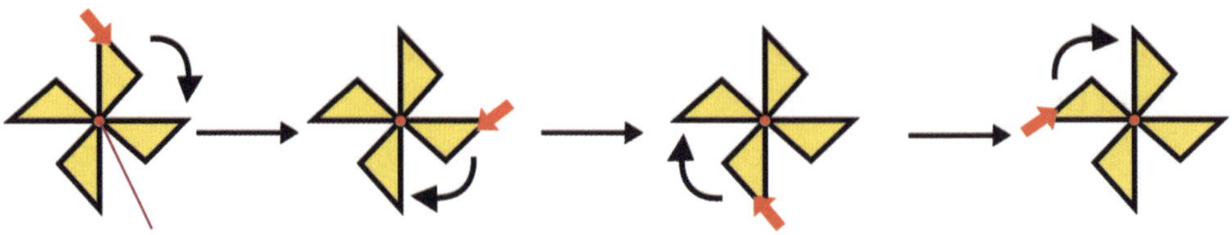

Diese Figur ist jeweils nach einer Vierteldrehung wieder gleich der Ausgangsfigur.

1 Welche der Figuren sind drehsymmetrisch?

Zeichne die Drehpunkte ein.

A

B

C

D
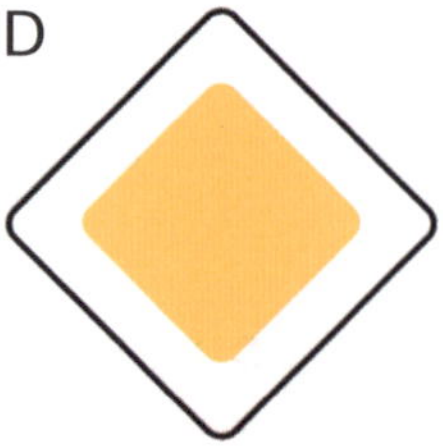

E

F

G

H

Einige Figuren sind auch achsensymmetrisch. Erkennst du, welche es sind?

2 Drehe dreimal um je eine Vierteldrehung.

Male die gedrehte Figur jeweils auf.

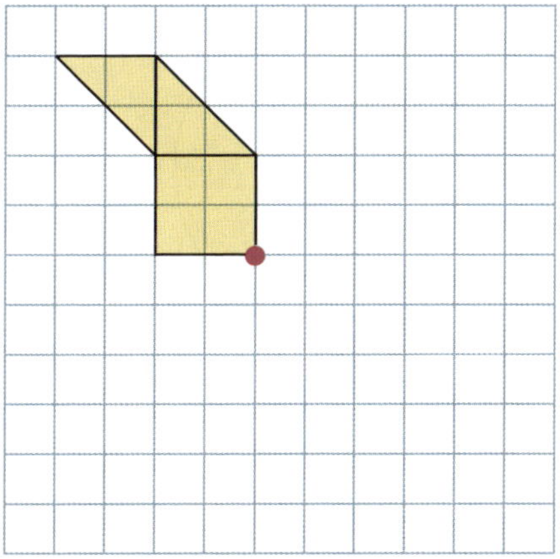

TIPP Wenn dir die Aufgabe im Kopf nicht gelingen will, zeichne die Figur auf ein kariertes Blatt und schneide sie aus. Piekse eine Stecknadel in den Drehpunkt und drehe die Figur jeweils um eine Vierteldrehung.

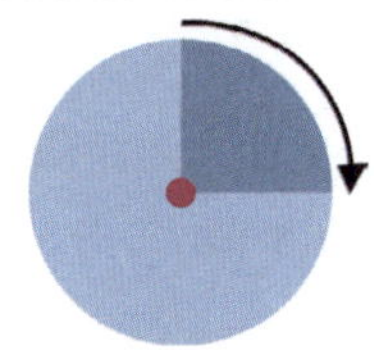

3 Drehe in Gedanken das Zifferblatt der Uhr in Pfeilrichtung so weit, wie der Pfeil zeigt.

Trage ein, wo die Ziffern sich nach dem Drehen befinden.

(1)

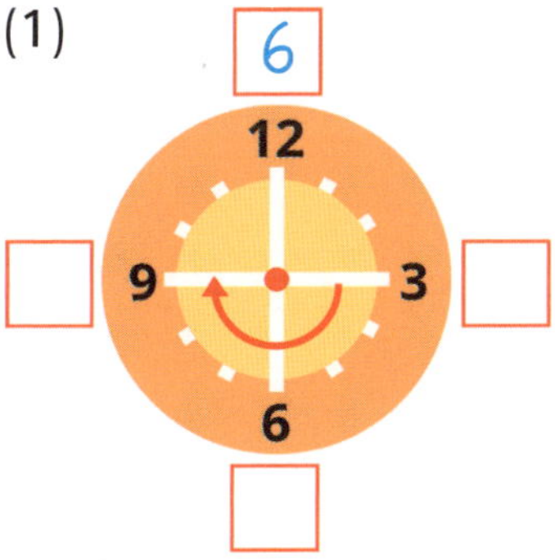

(2)

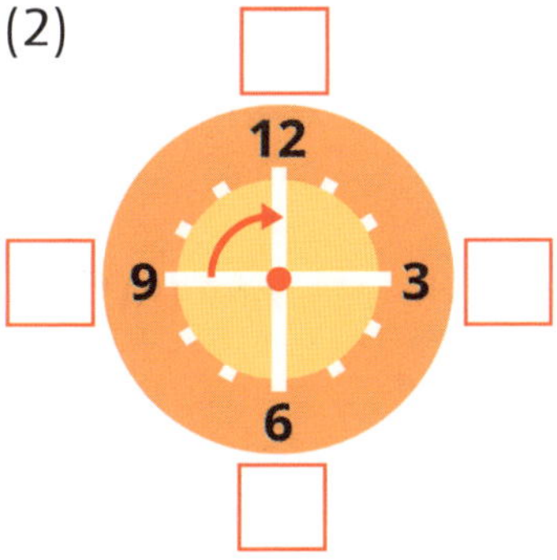

(3)

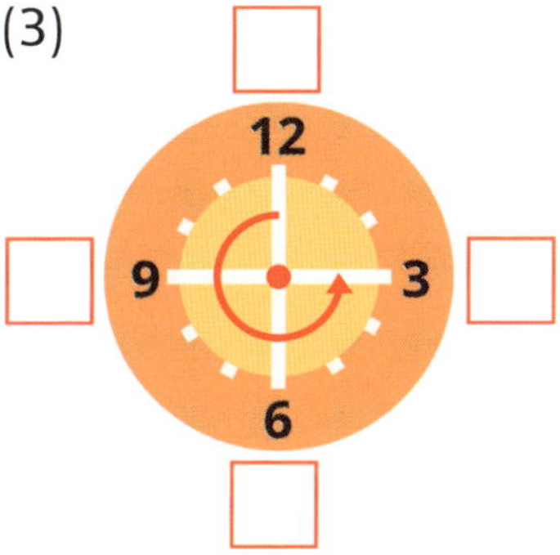

(4)

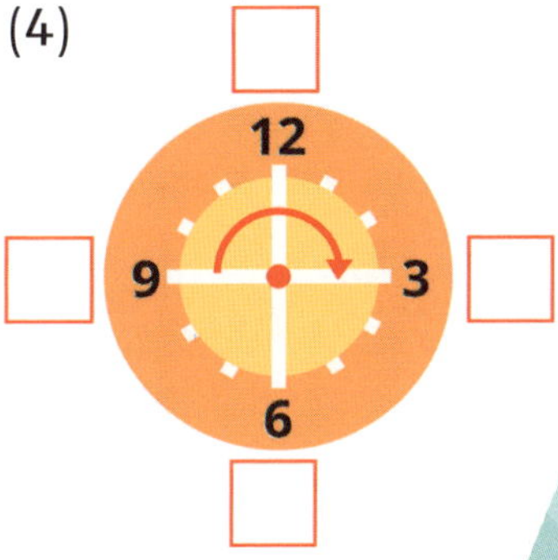

Hier kannst du deinen Erfolgssticker platzieren.

Umgang mit dem Zirkel

Der **Zirkel** ist ein praktisches Hilfsmittel um Kreise zu zeichnen.

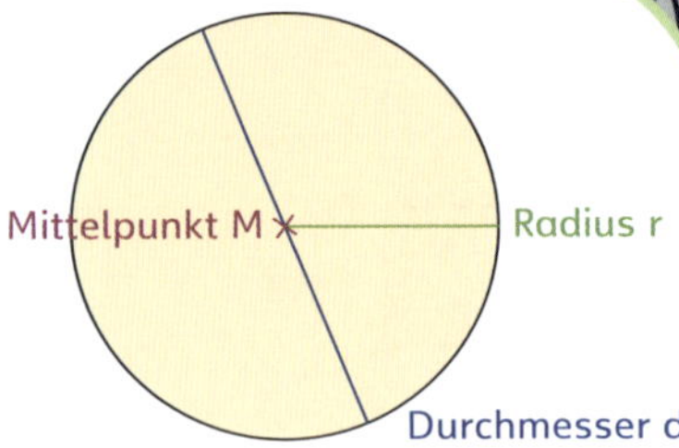

Ein **Kreis** hat einen **Mittelpunkt M**, einen **Radius r** und einen **Durchmesser d**.

Um mit dem Zirkel einen Kreis zu zeichnen,

- stellst du den Radius r am Zirkel mithilfe des Geodreiecks oder Lineals ein,
- stichst den Zirkel mit der Nadel in M ein,
- fasst den Zirkel oben an und drehst ihn mit der Schreibspitze auf dem Papier.

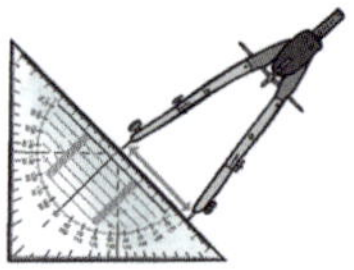

1 **Zeichne um jeden Punkt (M) einen Kreis mit r = 1,5 cm.**

2 **Zeichne ein Kreismuster.**

a) Zeichne um jeden Punkt (M) einen Kreis mit r = 2 cm.

b) Male das entstandene Muster mit 2 oder 3 verschiedenen Farben aus.

3 **Zeichne das Muster mit dem Zirkel nach und male es bunt aus.**

Du musst den Zirkel nicht immer in den roten Mittelpunkt einstechen. Du brauchst insgesamt 5 verschiedene Punkte, in die du den Zirkel stichst.

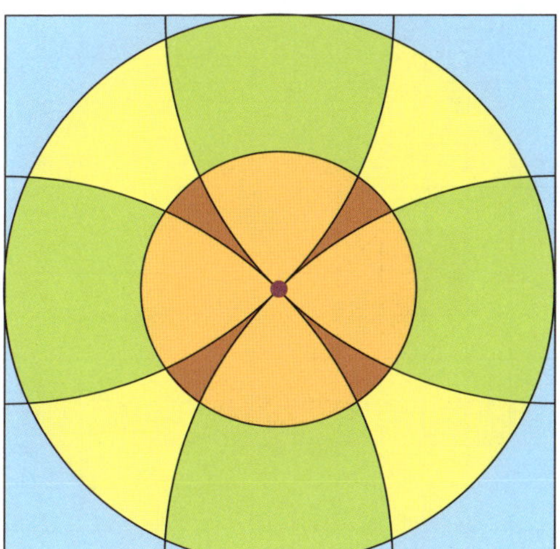

Hier kannst du deinen Erfolgssticker platzieren.

Bandornamente und Muster

Aus Kreisen, anderen Flächenformen, parallelen und senkrechten Linien lassen sich **Muster, Bandornamente** und **Parkettierungen** herstellen. Durch Wiederholungen der Formen lassen sich die Muster weiter fortsetzen. Häufig weisen sie Symmetrien auf und können regelrechte Mathekunstwerke sein.

1 Setze die Bandornamente fort.

Denke dir ein eigenes Bandornament aus und zeichne es darunter.

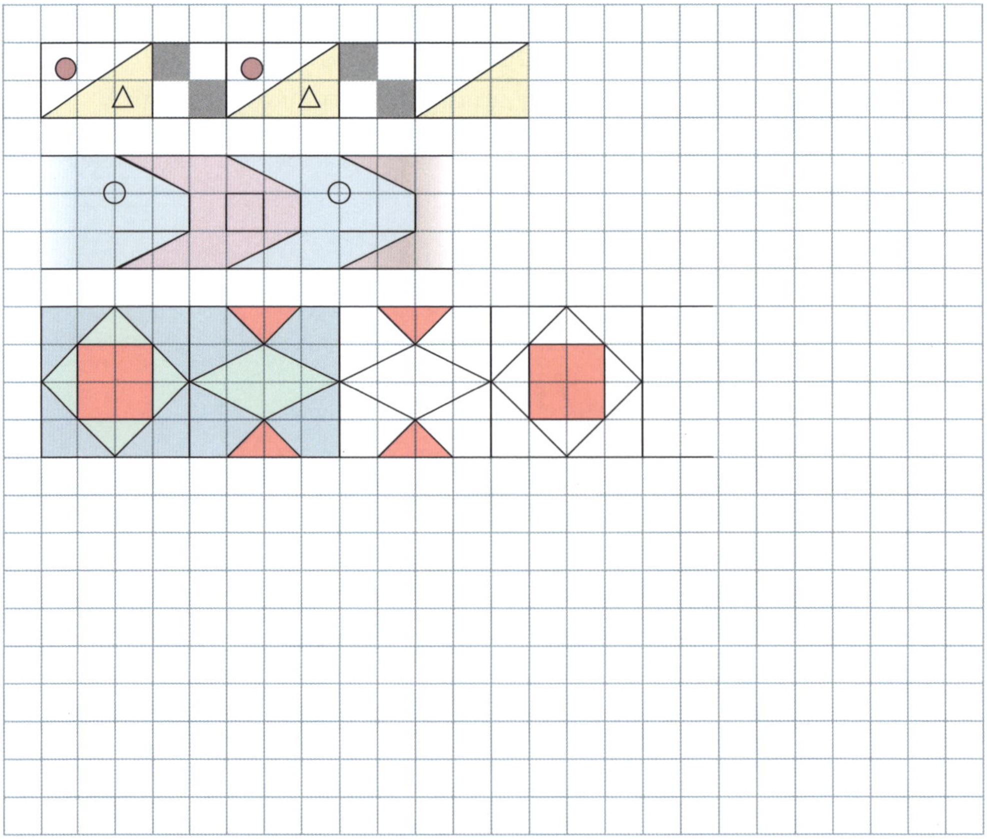

Fit fürs Gymnasium
10-Minuten-Trainer

Mein Stickerbogen

Für jede gelöste Doppelseite in diesem Arbeitsheft darfst du dich mit einem **Erfolgssticker** belohnen.
Suche dir einfach einen Sticker aus und klebe ihn in das dafür vorgesehene Feld am Ende jeder Doppelseite.

Illustrationen: Hans-Jürgen Feldhaus

960.165

2 Stelle Muster durch Falten her.

Nimm weißes Papier und falte die Muster nach.

(1)

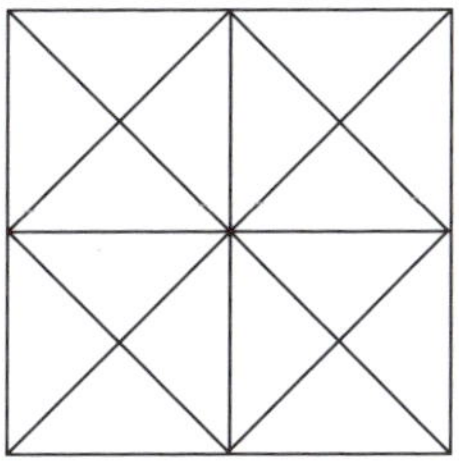

(2)

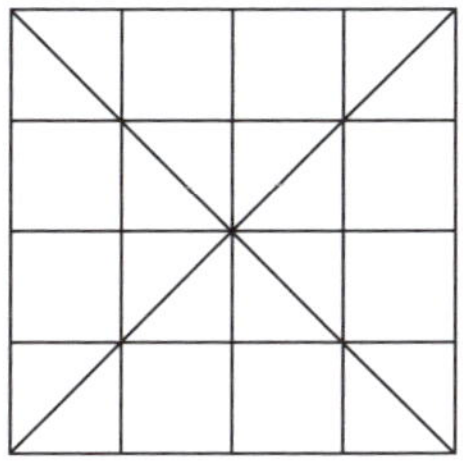

(3)

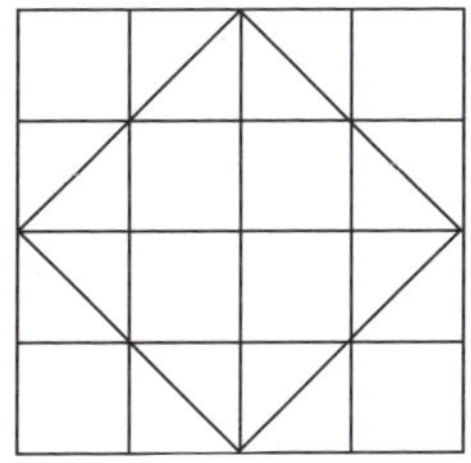

(4)

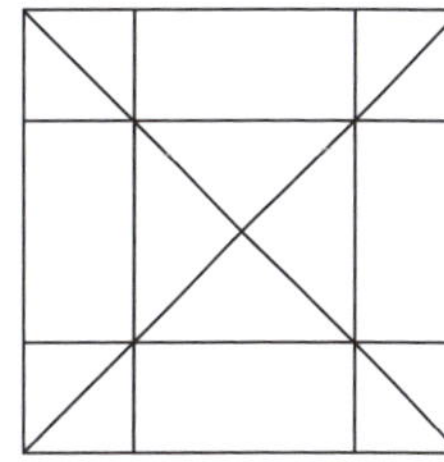

a) Färbe in der ersten gefalteten Figur jeweils alle parallelen Linien in der gleichen Farbe. Wie viele Farben brauchst du?

Antwort: ....

b) Kennzeichne in der zweiten gefalteten Figur alle Symmetrieachsen rot. Wie viele sind es?

Antwort: ....

c) Untersuche die dritte Figur auf Dreiecke. Wie viele verschiedene Dreiecksgrößen findest du?

Antwort: ....

Markiere ein Dreieck jeder Größe farbig. Wie viele Dreiecke von jeder Größe gibt es in der Figur?

Antwort: ....

....

d) Markiere in der 4. Figur alle rechten Winkel. Wie viele sind es?

Antwort: ....

Wenn du noch Zeit hast, falte weitere Muster wie in den Beispielen.

Hier kannst du deinen Erfolgssticker platzieren.

Parkettierungen und Muster

Auf dieser Doppelseite geht es um weitere Muster.
Hier kannst du Vieles anwenden, das du in den vorangegangenen Kapiteln geübt hast. Wenn du nicht weiter weißt, blättere zurück.

1 Setze die Parkettmuster in alle Richtungen fort.

Male sie farbig aus.

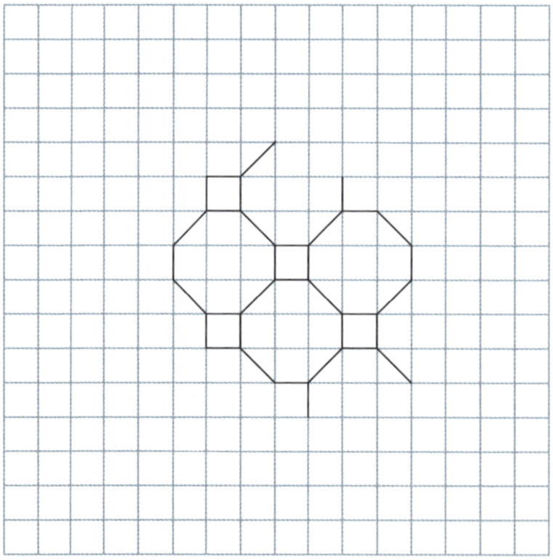

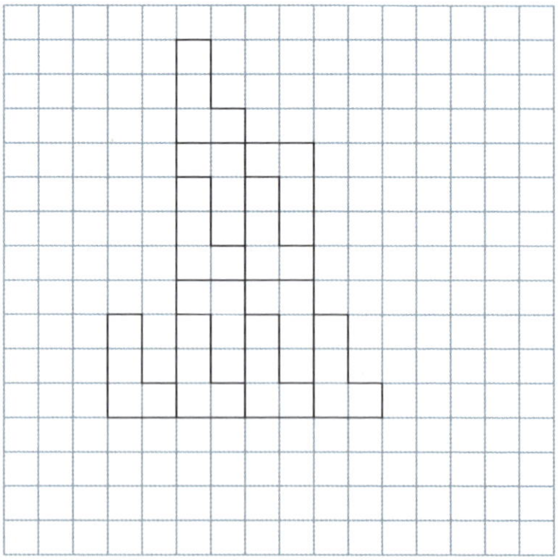

Wenn du Lust hast, kannst du auf Karopapier ein eigenes Muster erfinden. Interessante Anregungen dazu kannst du auch in einem Fliesengeschäft oder Baumarkt finden.

2 Gestalte ein Mandala.

Mandalas kennst du sicher als Ausmalbilder. Sie haben viele sich wiederholende Formen und Symmetrien. Erstelle mit Zirkel und Geodreieck ein eigenes Mandala. Beginne mit dem Zirkel am eingezeichneten Mittelpunkt und zeichne einen großen Kreis. Suche dir dann weitere Ansatzpunkte für den Zirkel. Ergänze die Kreise mit Formen, die du mit dem Geodreieck zeichnest.

Denke an das, was du schon gelernt und geübt hast.

Hier kannst du deinen Erfolgssticker platzieren.

Tangram

Tangram ist ein altes, chinesisches Legespiel. Es besteht aus 7 Teilen. Aus den Teilen lassen sich viele verschiedene Figuren legen. Alle diese Figuren sind flächengleich, da sie aus den gleichen 7 Teilen bestehen.

Für diese Seite brauchst du etwas mehr Zeit, aber es lohnt sich!

1 Untersuche das Tangram.

a) Schau dir die Teile des Tangrams genau an. Wie heißen sie? Sind sie symmetrisch? Notiere.

....

....

....

....

b) Zeichne das Tangram im Maßstab 1 : 2 auf festes Papier oder Karton. Zeichne genau. Verwende das Geodreieck. Schneide die Teile aus, sodass du ein Tangram-Spiel erhältst.

1 : 2 heißt: Jede Länge muss verdoppelt werden.

2 **Lege die Figuren mit deinen Tangram-Teilen nach.**

3 **Versuche die Figuren mit deinen Tangram-Teilen nachzulegen.**

Schau genau, überlege und probiere aus, welches Einzelteil an welcher Stelle stehen könnte. Jede Figur benötigt alle 7 Teile. Die Teile dürfen sich nicht überschneiden. Wie viele Figuren schaffst du?

Hier kannst du deinen Erfolgssticker platzieren.

Körperformen

Körperformen sind dreidimensonal.
Sie haben **Flächen** und meist **Ecken** und **Kanten**.
Wichtige geometrische Körperformen sind:

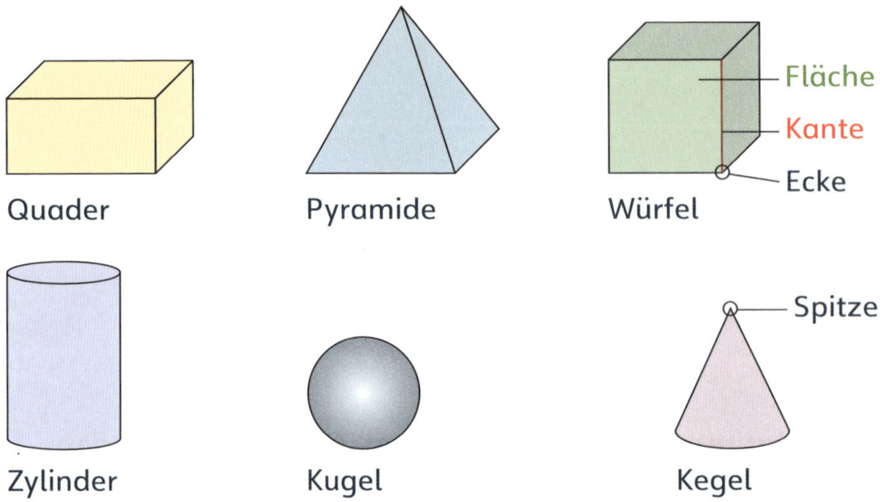

1 Finde Körperformen bei dir zuhause.

a) Versuche, für jede Körperform mindestens einen passenden Gegenstand zu finden und notiere ihn.

....

....

....

b) Zu welcher Körperform findest du die meisten Gegenstände, welche kommt selten vor? Hast du eine Idee, woran das liegen könnte?

....

....

2 Ergänze die Tabelle.

	Kugel	Kegel	Quader	Würfel	Pyra-mide	Zylin-der
Anzahl der Ecken	0	1 Spitze				
Anzahl der Kanten	0					
Anzahl der Flächen						

3 Aus welchen Teilen kannst du das angegebene Kantenmodell bauen?

Kreuze an. Es kann mehr als eine richtige Lösung geben.

Aus den Stäben und Knetkugeln kannst du Kantenmodelle wie dieses bauen.

a) Würfel

- ☐ (1) 
- ☐ (2) 
- ☐ (3) 
- ☐ (4) 

b) Quader

- ☐ (1) 
- ☐ (2) 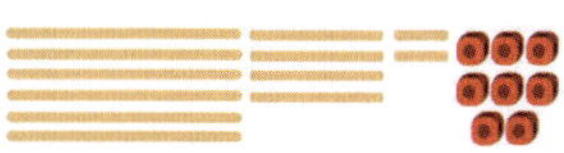
- ☐ (3) 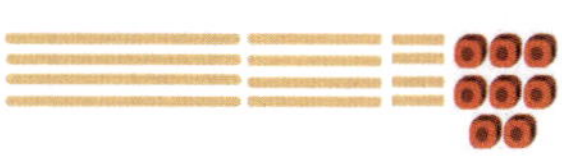
- ☐ (4) 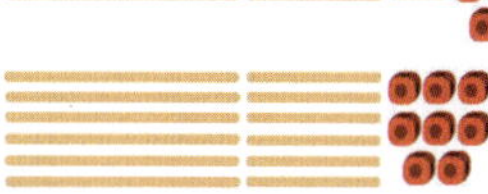

c) Pyramide

- ☐ (1) 
- ☐ (2) 
- ☐ (3) 
- ☐ (4) 

Hier kannst du deinen Erfolgssticker platzieren.

Netze

Man kann Körper durch Falten von Papier oder Karton herstellen. Dazu müssen seine Flächen auf dem Papier oder Karton passend angeordnet sein.

Diese passende Anordnung der Flächen nennt man das **Netz eines Körpers**.

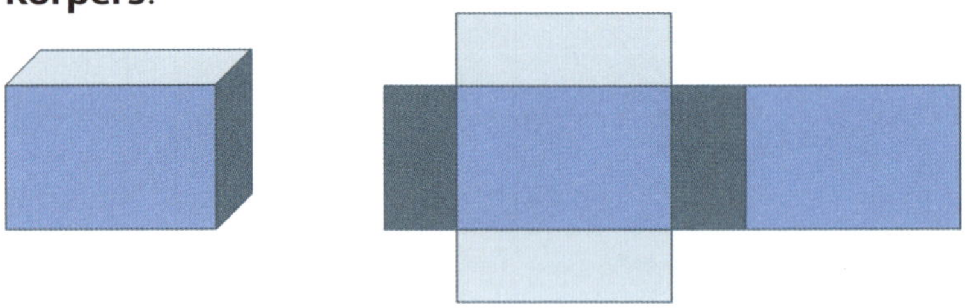

1 Ordne die Netze den Verpackungen zu.

Verbinde jeweils mit einer Linie.

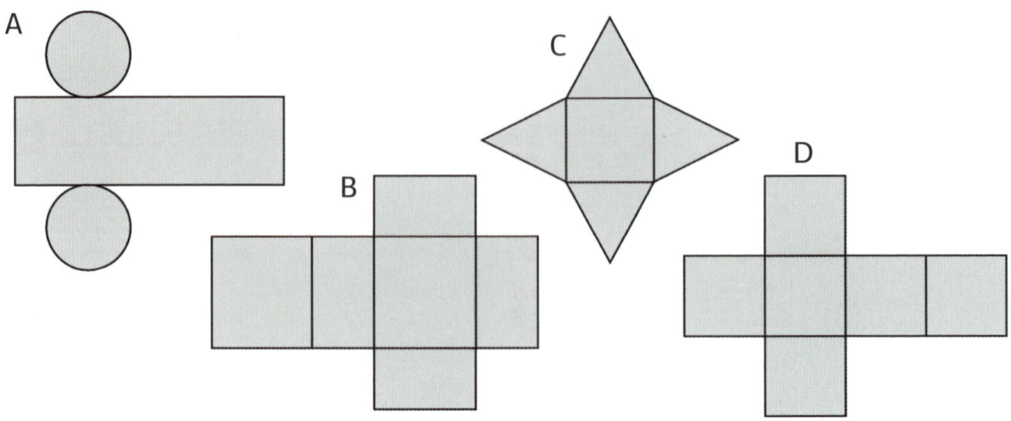

2 Aus welchen Netzen kannst du einen Würfel falten?

Kreuze an.

(1) ☐

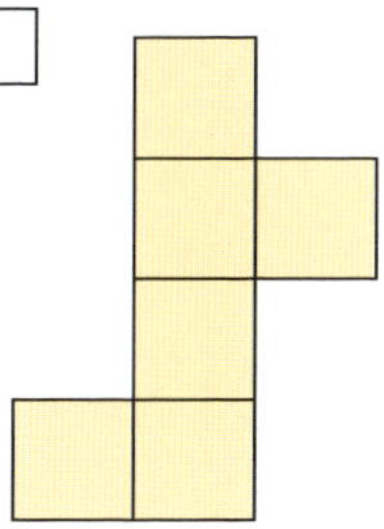

(2) ☐

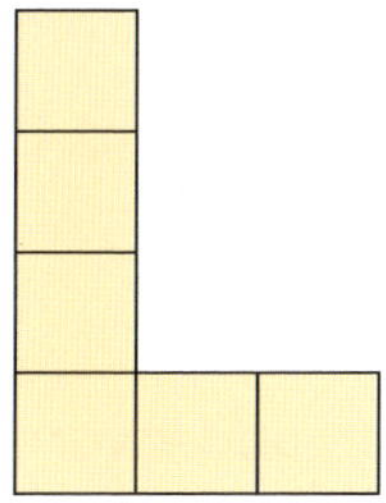

(3) ☐

(4) ☐

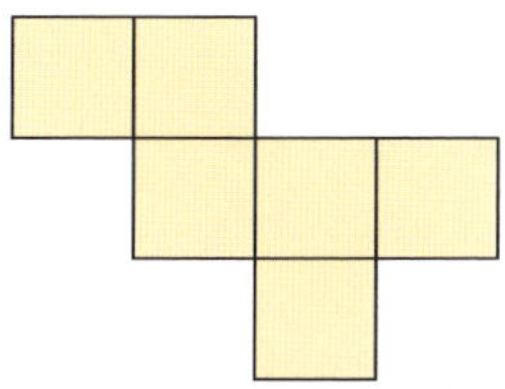

(5) ☐

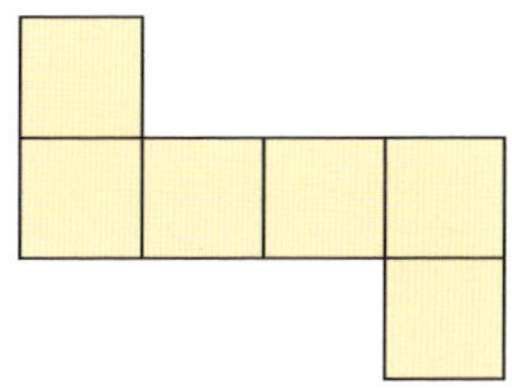

3 Aus welchen Netzen kannst du einen Quader falten?

Kreuze an.

(1) ☐

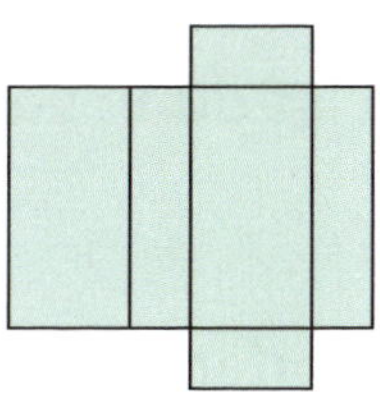

(2) ☐

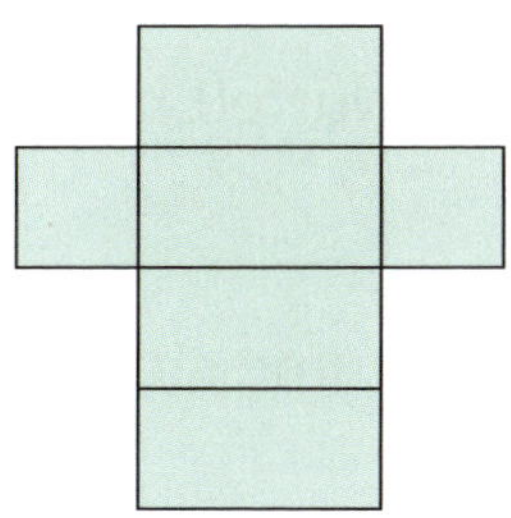

(3) ☐

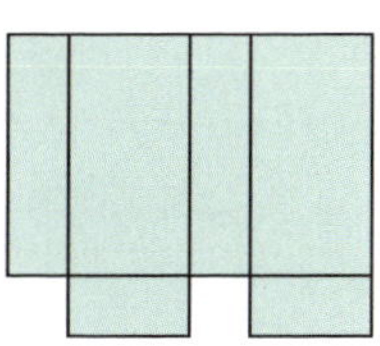

(4) ☐

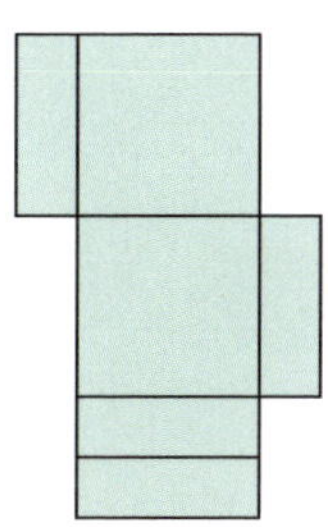

(5) ☐

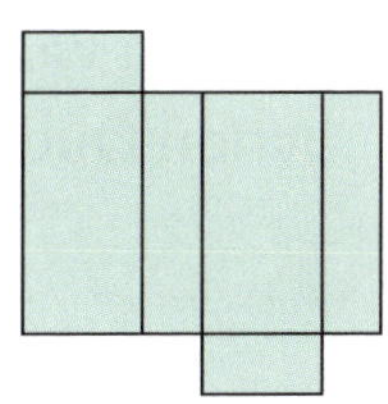

Hier kannst du deinen Erfolgssticker platzieren.

Körper und ihre Eigenschaften

Würfel und Quader

Würfel und Quader sind sehr wichtige Körperformen.

Aus **Quadern** bestehen sehr viele Dinge, die von Menschen gemacht sind. So sind Schränke, Kartons und Schachteln oft quaderförmig.

Ein **Würfel** ist ein besonderer Quader, und zwar ein Quader, bei dem alle Flächen Quadrate sind.

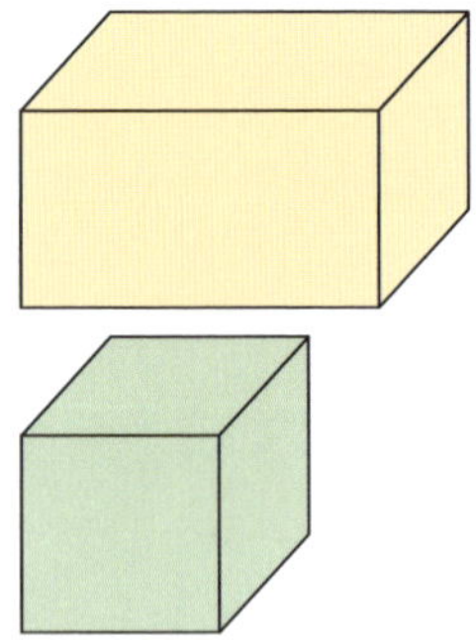

1 **Nimm dir einen Spielwürfel und untersuche ihn.**

Beantworte die folgenden Fragen.

(1) Wie viele Flächen hat ein normaler Spielwürfel?

....

(2) Wenn du eine 5 gewürfelt hast, welche Zahl ist dann verdeckt?

....

(3) Wie hoch ist die Summe sich gegenüberliegender Würfelaugen?

....

(4) Warum würfelt man mit einem Würfel, statt mit einem gewöhnlichen Quader?

....

....

2 Vervollständige das Beispiel.

Zeichne dann 2 weitere Würfelnetze mit passenden Augenzahlen.

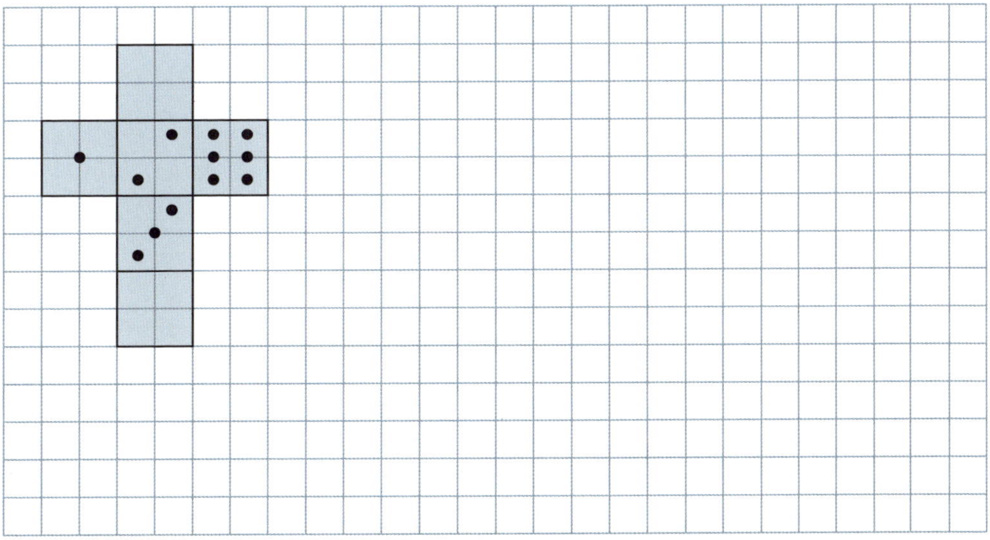

3 Stelle eine Schachtel aus einem Quadernetz her.

Nimm hierfür möglichst festes Papier und zeichne genau – mit dem Geodreieck. Denke daran, dass du Ränder zum Zusammenkleben brauchst. Denke auch daran, dass die Schachtel einen Deckel zum Klappen braucht, der nicht festgeklebt werden darf.

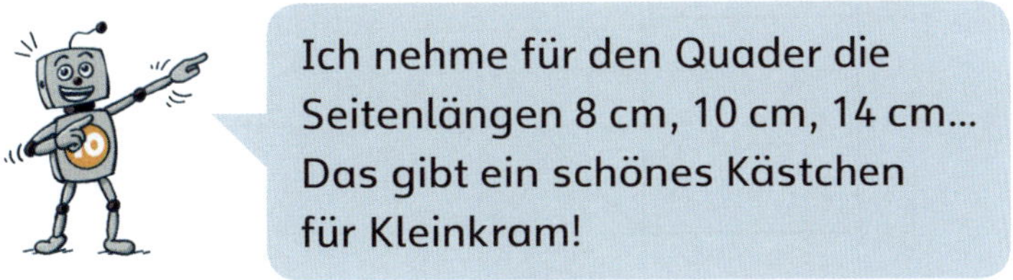

TIPP

Ein Netz mit Kleberändern kann zum Beispiel so aussehen:

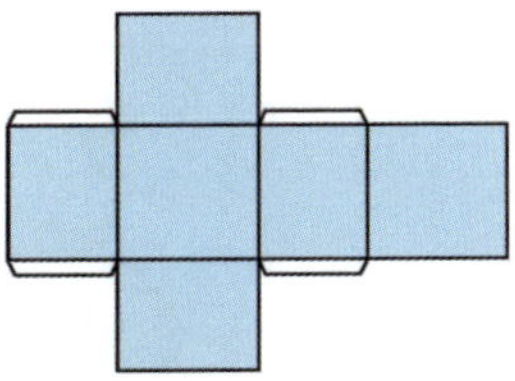

Hier kannst du deinen Erfolgssticker platzieren.

Körper und ihre Eigenschaften

Schrägbilder von Würfel und Quader

Von Würfel und Quader lassen sich mit Hilfe von Kästchenpapier **Schrägbilder** zeichnen, die die Formen gut abbilden können.

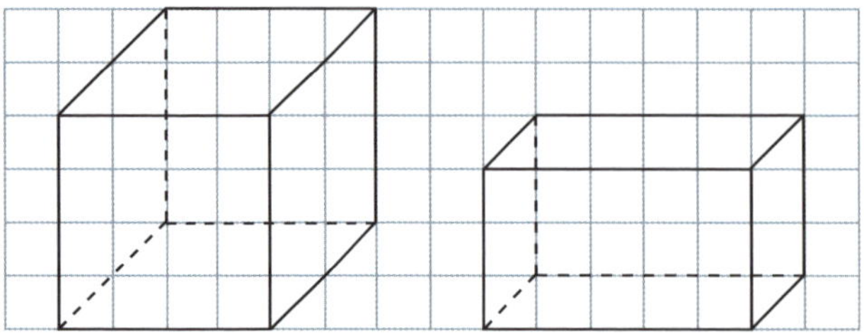

1 Ergänze zu Schrägbildern.

Zeichne die Kanten, die man sehen kann, als durchgezogene Linie.
Zeichne die Kanten, die man nicht sehen kann, als gestrichelte Linie.

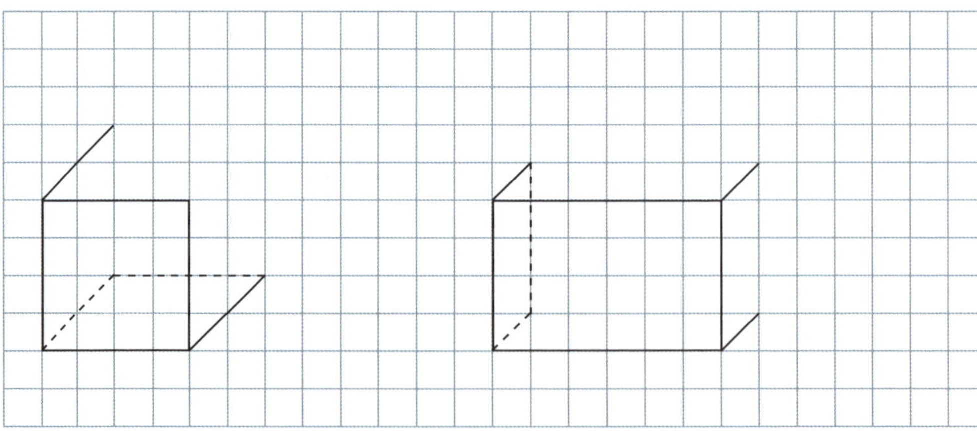

2 **Zeichne ein Würfelschrägbild wie angegeben.**

(1) Zeichne ein Quadrat mit der Seitenlänge 2 cm.
(2) Zeichne die drei schräg nach hinten verlaufenden Kanten, die man sehen kann. Sie verlaufen schräg durch 2 Kästchen.
(3) Zeichne die nach hinten laufende Kante, die man nicht sehen kann, gestrichelt.
(4) Verbinde die Linien so, dass ein Würfel entsteht. Überlege genau, welche Linien du stricheln musst und welche durchgezogen werden.

TIPP Nimm dir einen Würfel und lege ihn vor dich hin. Dann siehst du genau, welche Kanten sichtbar sind.

3 **Zeichne das Schrägbild eines Quaders.**

(1) Zeichne ein Rechteck mit den Seitenlängen 2,5 cm und 3 cm.
(2) Zeichne die 3 sichtbaren schräg nach hinten laufenden Kanten ein. Sie sollen durch 4 Kästchenreihen laufen.
(3) Ergänze die nicht sichtbare nach hinten laufende Kante.
(4) Verbinde die Eckpunkte so, dass ein Quader entsteht.

Hier kannst du deinen Erfolgssticker platzieren.

Körperansichten und Baupläne

Perspektive

Je nachdem, von wo (von rechts, links, oben, unten, hinten, vorne ,...) man einen Körper ansieht, sieht er anders aus.

Dies nennt man **Perspektive**.

1 **Die Kinder haben jeweils eine andere Perspektive auf die Körperformen.**

Wer sieht welche Ansicht?
Ordne zu.

(1) 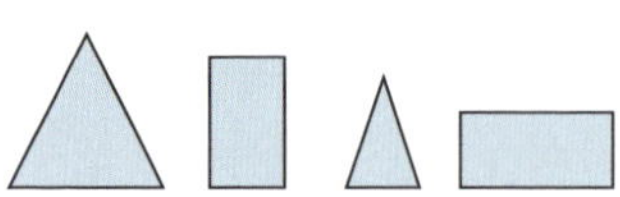

____

(2) 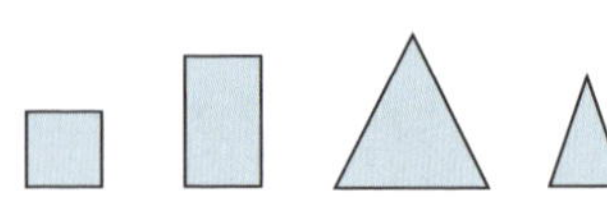

____

(3) 

____

(4) 

____

2 Hier sind die Körperformen von oben gezeichnet.

Welche Zeichnung passt zu dem Bild in Aufgabe 1? Kreuze an.

(1) ☐

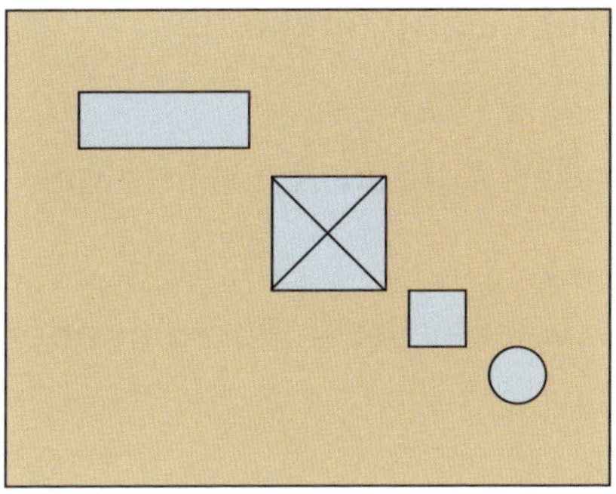

(2) ☐

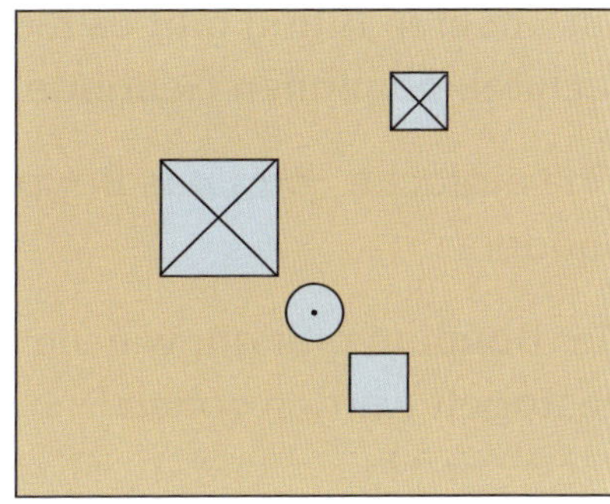

(3) ☐

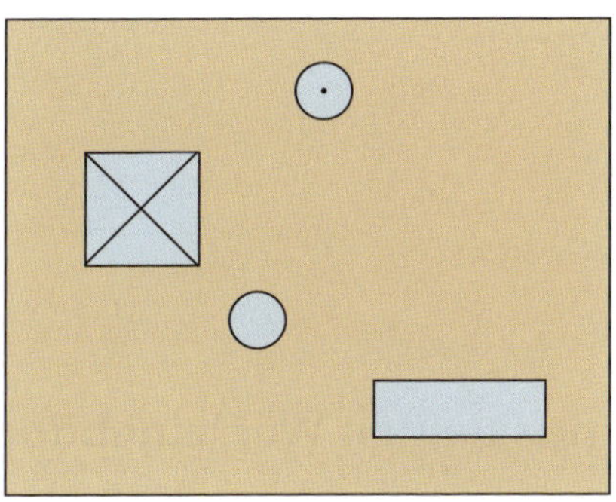

(4) ☐

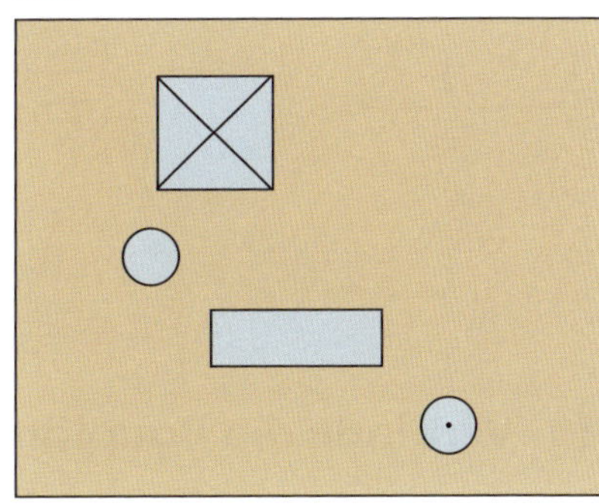

3 Zeichne die abgebildeten Körper von oben.

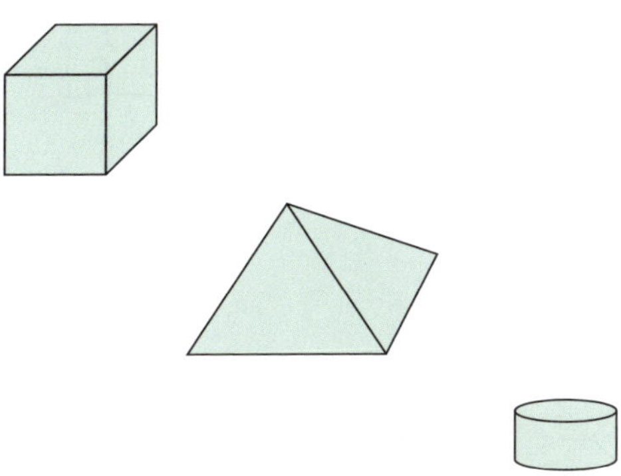

Hier kannst du deinen Erfolgssticker platzieren.

Würfelgebäude und Baupläne

Gebäude werden nach Plänen gebaut.

Für unseren Alltag gibt es hierfür den Beruf des Architekten. Architekten planen Gebäude.

Eine einfache Form des Bauplans erklärt den Aufbau von Würfelgebäuden.

Der Bauplan gibt an, wie viele Würfel an welcher Stelle übereinander gestapelt werden sollen.

3	2	1
2	2	1
1		

1 **Verbinde die Baupläne mit den passenden Würfelgebäuden.**

(1)

1	1	1
2	4	2
3	3	3

(2)

1	2	3	4
1	2	3	4

(3)

2	3	2	3	2	
2	3	2	2	2	2

A

B

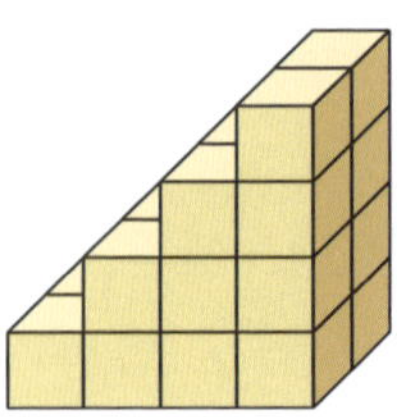

C

2 Zeichne passende Baupläne.

A

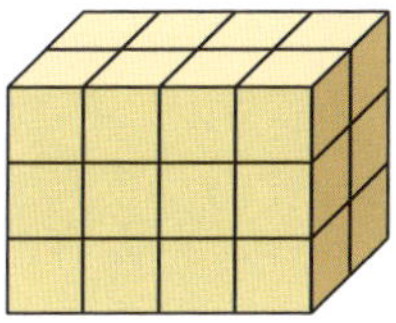

B

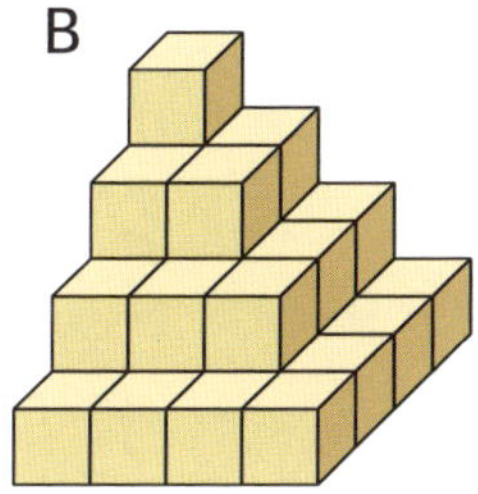

C

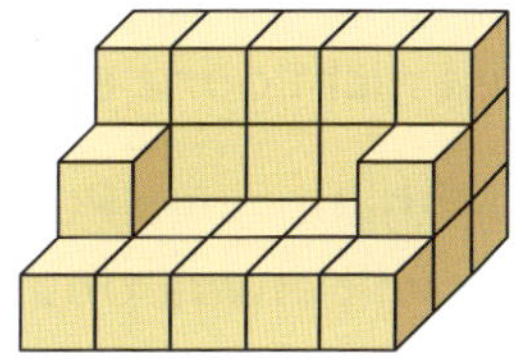

3 Welchem Kind gehört welcher Bauplan?

Zeichne den fehlenden Bauplan.

(1)

3	2	2	1
1	2	2	1
		4	3

....

(2)

1	1	3	
2	2	4	
2	2		
3	1		

....

(3)

....

Hier kannst du deinen Erfolgssticker platzieren.

Schrägbilder im Punktegitter

Das Zeichnen von Würfelgebäuden ist nicht ganz einfach.

Mithilfe eines Punktegitters gelingt es mit etwas Übung gut, ganze Würfelgebäude zu zeichnen.

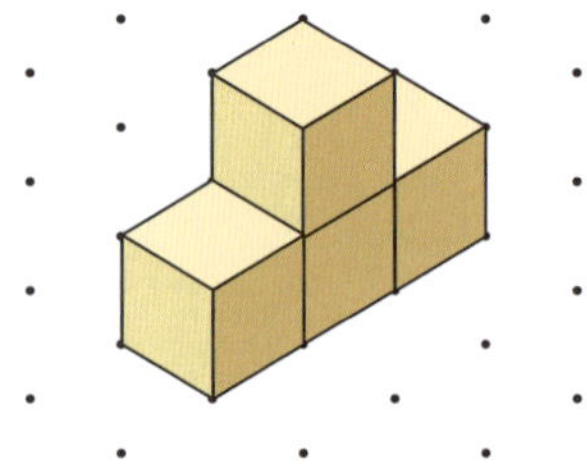

1 **Zeichne die Gebäude im Punkteraster rot nach.**

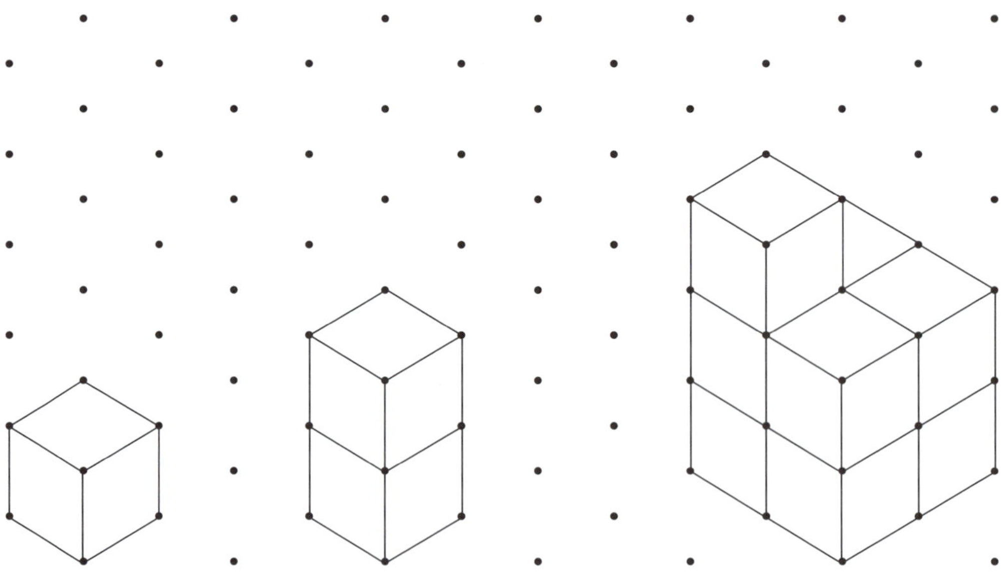

2 Zeichne die Figuren ins Punktegitter ein.

a) Einen Turm aus 3 Würfeln
b) Eine Mauer aus 6 Würfeln

3 Zeichne das Würfelgebäude in das Punktegitter.

3	4	3
2	2	2
	1	1

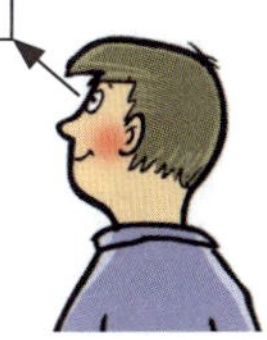

Hier kannst du deinen Erfolgssticker platzieren.

Rauminhalt

Zentimeterwürfel eignen sich dazu, **Rauminhalte** zu messen und zu vergleichen.

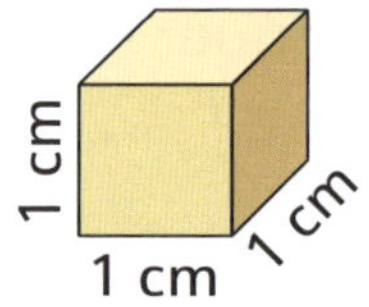

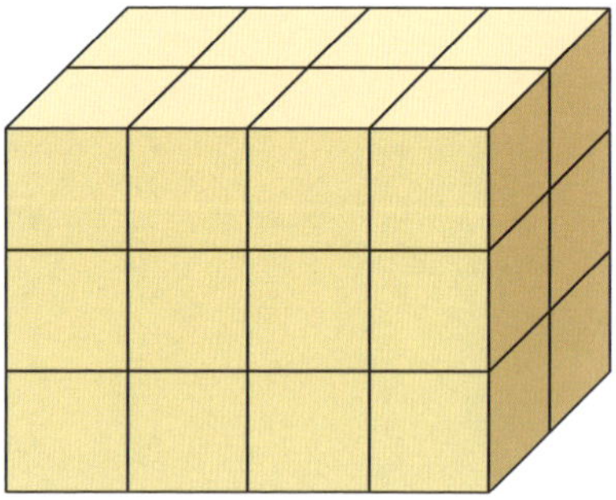

Der Quader hat einen Rauminhalt von 24 Zentimeterwürfeln.

1 **Wie groß ist der Rauminhalt in Zentimeterwürfeln?**

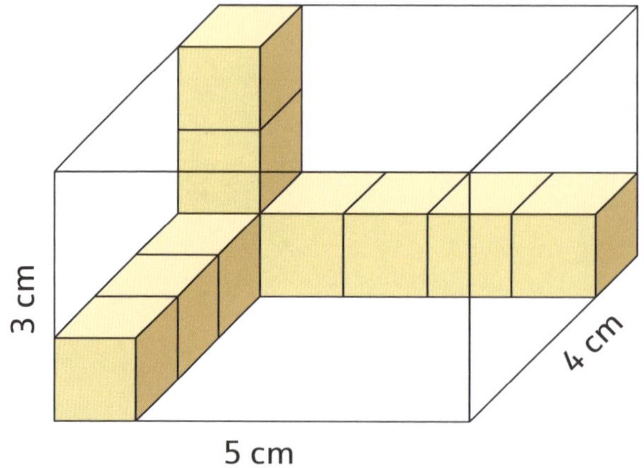

TIPP Überlege, wie viele Würfel in eine Schicht passen. Wie viele Schichten gibt es?

Antwort: ....

2 **Welcher Quader hat den größten Rauminhalt, welcher den kleinsten?**

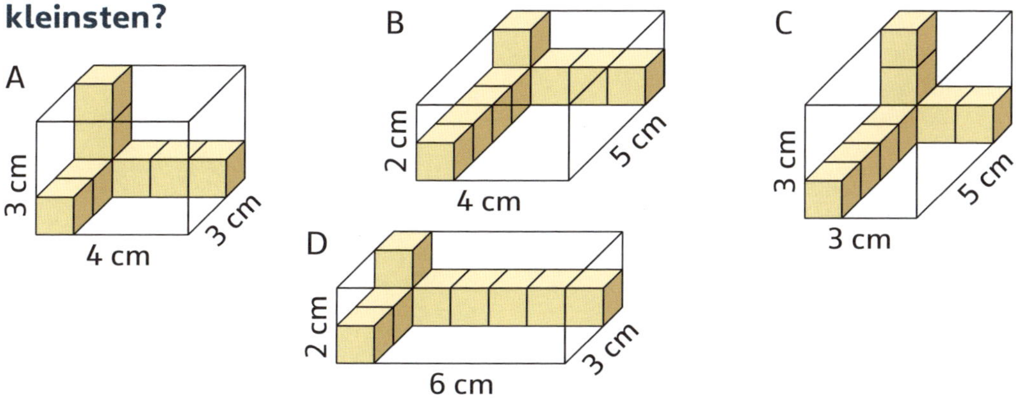

Antwort: ....

3 **Zeichne 2 verschiedene Quader mit einem Rauminhalt von 20 Zentimeterwürfeln.**

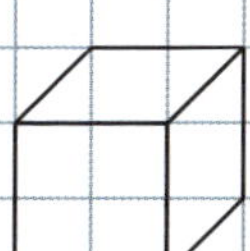

Hier kannst du deinen Erfolgssticker platzieren.

Flächen und Geraden

Flächenformen

Seite 6

1. Es gibt viele Möglichkeiten. Beispiel:

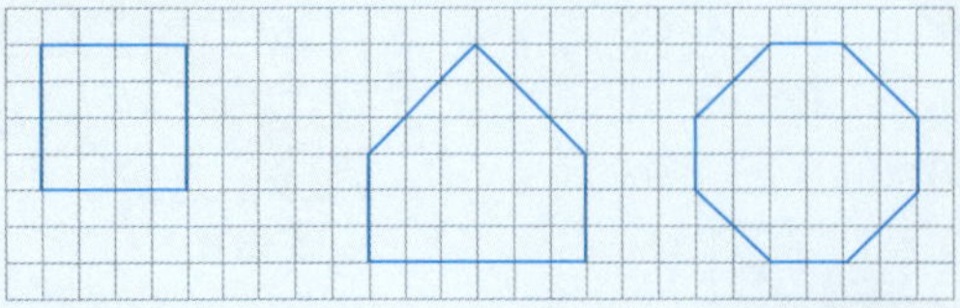

Seite 7

2.

Rechte Winkel

Seite 8

1. So könnte dein Faltwinkel aussehen:

2. Beispiele:
Fensterrahmen, Fenster, Tisch, Tür, Fliese, Tablet, Notebook, Schrank, Kommode, Schublade, Heizung

Seite 9

3. siehe unten

4.

Seite 9

3.

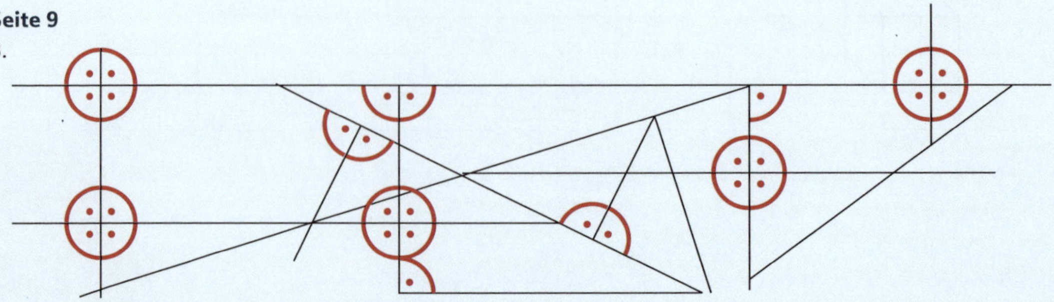

Rechte Winkel und das Geodreieck

Seite 10

1. a)

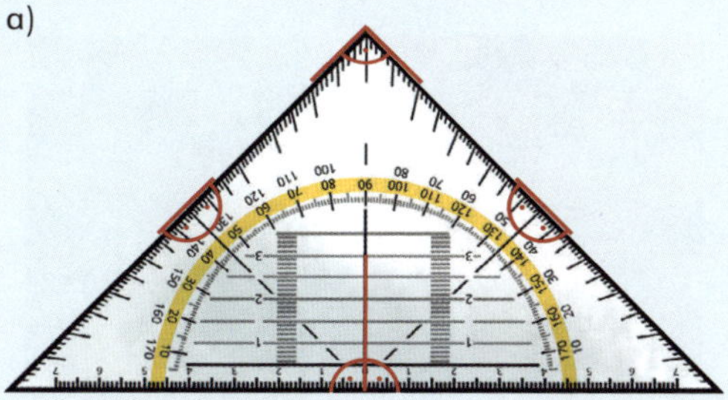

An jeder Linie liegen 4 rechte Winkel.

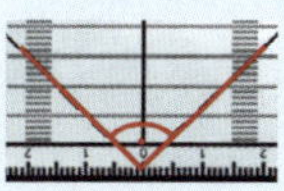

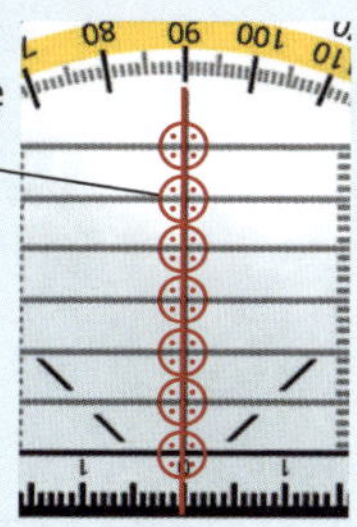

b) Es sind insgesamt 32 Stück:
- 7 an den Außenkanten (großes Bild oben),
- 1 zwischen den Diagonalen (Bild links),
- 24 an den Querlinien (Bild rechts).

Seite 11

2. Es gibt verschiedene Möglichkeiten.
   Beispiel:

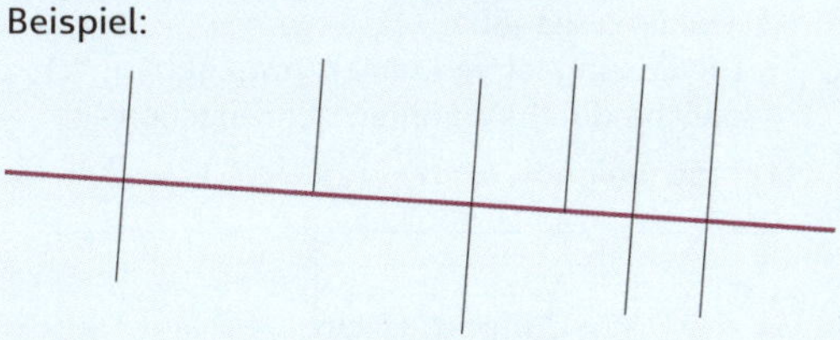

3.

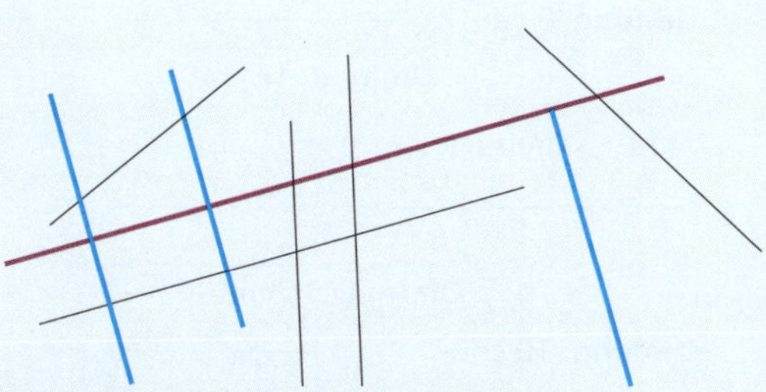

4. Es gibt verschiedene Möglichkeiten.
   Beispiel:

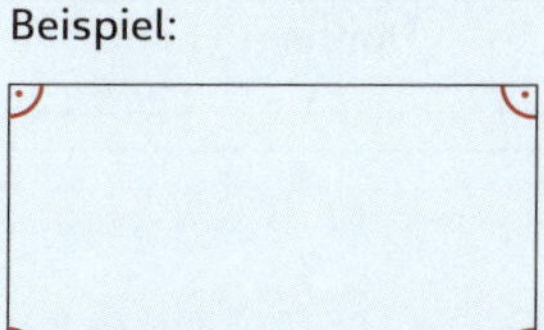

Parallele Geraden

Seite 12

1. Es gibt viele Möglichkeiten.
   Beispiel:

Seite 13

2. Beispiele: Tür, Fensterrahmen, Fenster, Tisch, Fliesen (die gleichen Dinge, die auch rechte Winkel haben)

3. Beispiele: Straßen, Treppen, Regale, Schachteln mit Deckel

4.

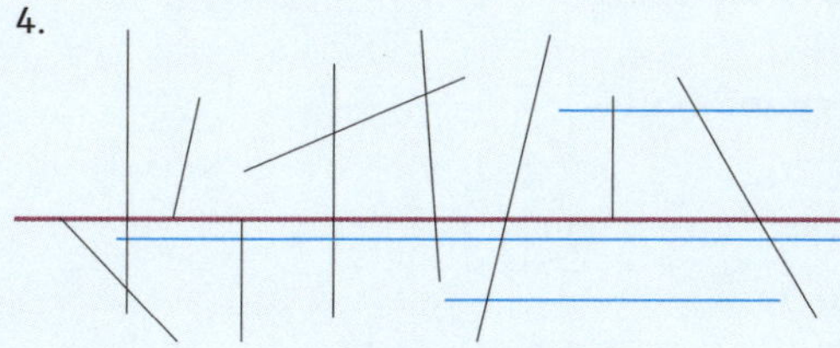

Strecken und parallele Geraden

Seite 14

1. $\overline{AB}$: 5 cm; $\overline{CD}$: 7 cm; $\overline{EF}$: 3,5 cm;
   $\overline{GH}$: 6,2 cm; $\overline{IK}$: 4,8 cm

2.

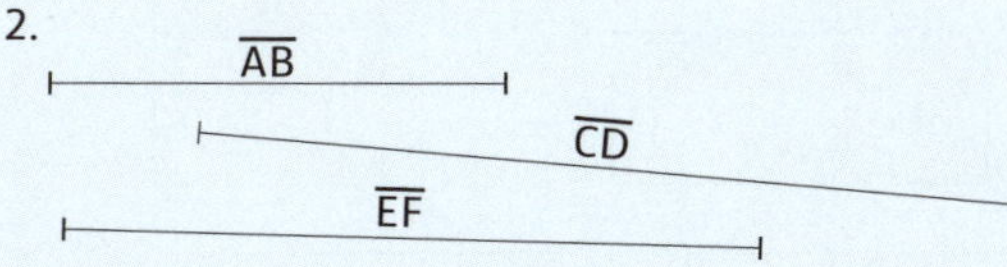

Seite 15

3.

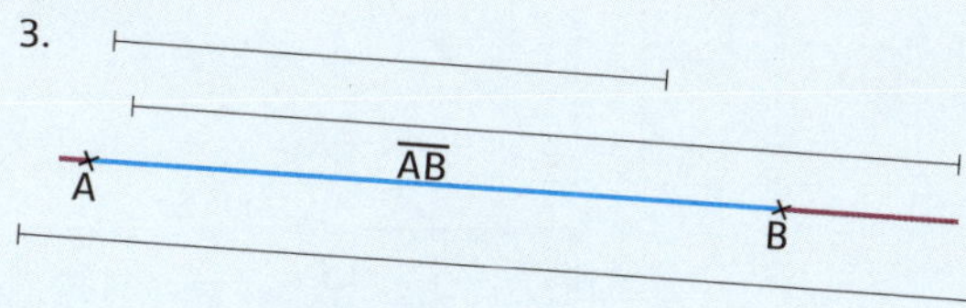

4. Beispiel:

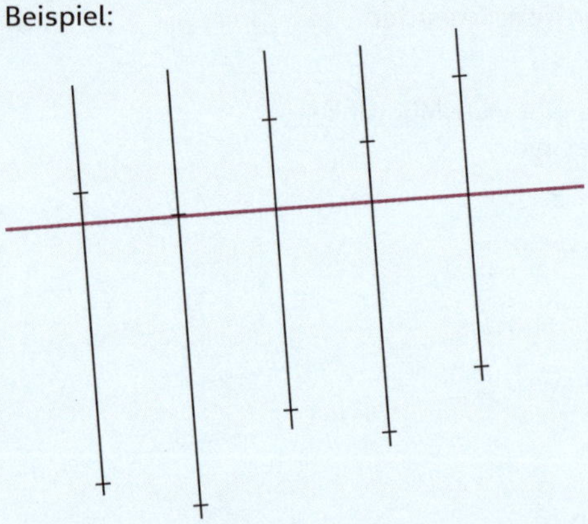

Mir fällt auf: Die gezeichneten Linien sind alle parallel zueinander.

Noch mehr Erläuterungen, Tipps und Übungen zu rechten Winkeln, parallelen Geraden und Strecken findest du auf Seite 86 – 90 von ***Fit fürs Gymnasium Intensiv-Trainer 4 → 5 Mathematik*** (978-3-507-23272-3).

Flächeninhalt

Seite 16

1. (1) 4 (2) 8 (3) 12

Seite 17

2. Man kann die Flächen so aufteilen:

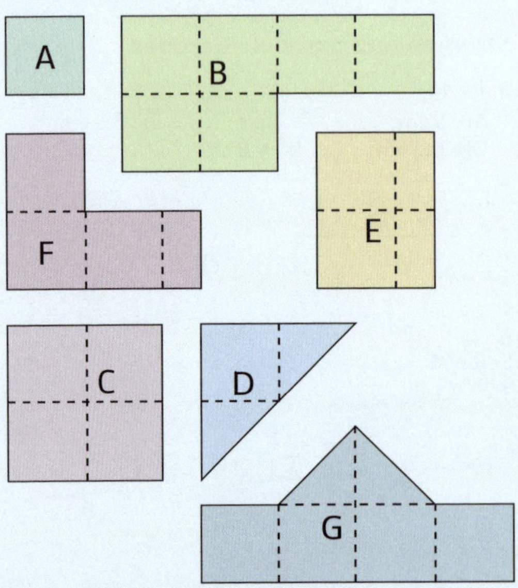

A: 1 cm^2 ; D: 2 cm^2; E: 3 cm^2; F: 3,5 (3 und ein halbes) cm^2; C: 4 cm^2; G: 5 cm^2; B: 6 cm^2

3. Das linke Zimmer ist größer. Es ist 36 Teppichfliesen groß. Das rechte Zimmer ist 35 Teppichfliesen groß.

Noch mehr Erläuterungen, Tipps und Übungen zum Flächeninhalt findest du auf Seite 94 – 95 von ***Fit fürs Gymnasium Intensiv-Trainer 4 → 5 Mathematik*** (978-3-507-23272-3).

Umfang

Seite 18

1. (1) 4 cm + 4 cm + 1 cm + 1 cm = 10 cm
   (2) 3 cm + 3 cm + 3 cm + 3 cm = 12 cm
   (3) 4 cm + 4 cm + 4 cm = 12 cm
   (4) 2 cm + 2 cm + 5 cm + 2 cm + 1 cm + 1 cm + 1 cm + 2 cm = 16 cm

Seite 19

2. a) Es gibt mehrere Lösungen, Beispiele sind jeweils angegeben.
   Die Lösung ist verkleinert angegeben. Vergleiche durch Abzählen der Kästchen.

(1) Flächeninhalt 4 cm^2

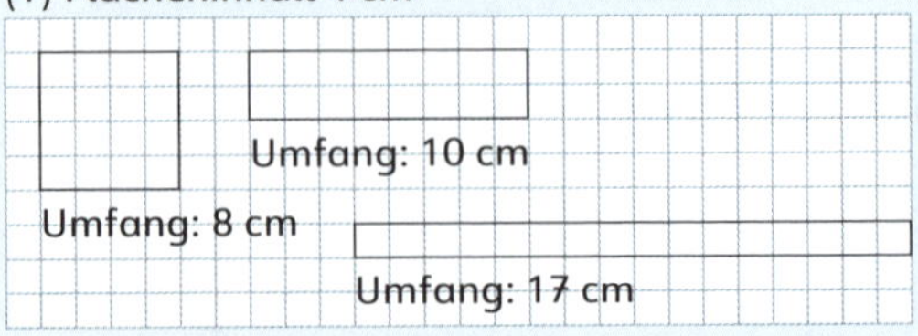

(2) Flächeninhalt 6 cm^2

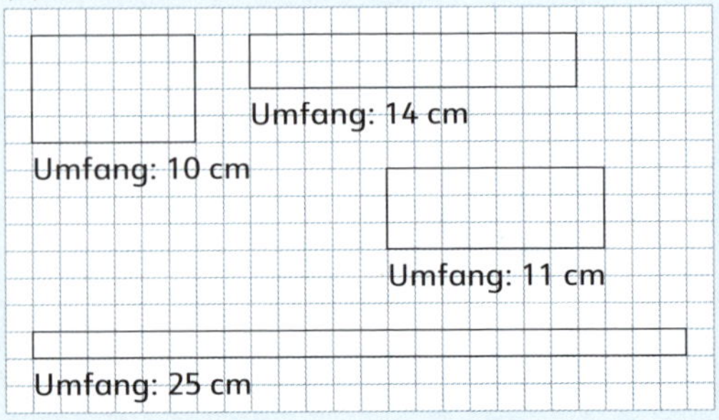

(3) Flächeninhalt 12 cm^2

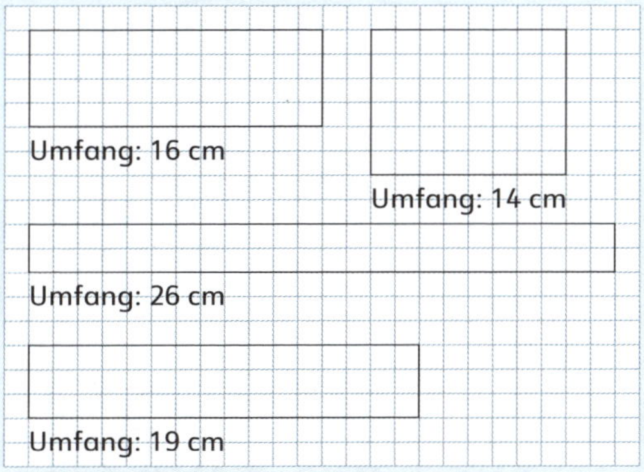

b) Der Umfang der Rechtecke ist verschieden, obwohl sie den gleichen Flächeninhalt haben.

3. Zusatzaufgabe

a) Da das Papier individuell zerschnitten wird, ist kein Vergleich der Werte möglich.

b) Figuren können einen sehr unterschiedlichen Umfang haben und auch verschieden aussehen, auch wenn ihr Flächeninhalt gleich ist.

Maßstab – Vergrößern und verkleinern

Seite 20

1.

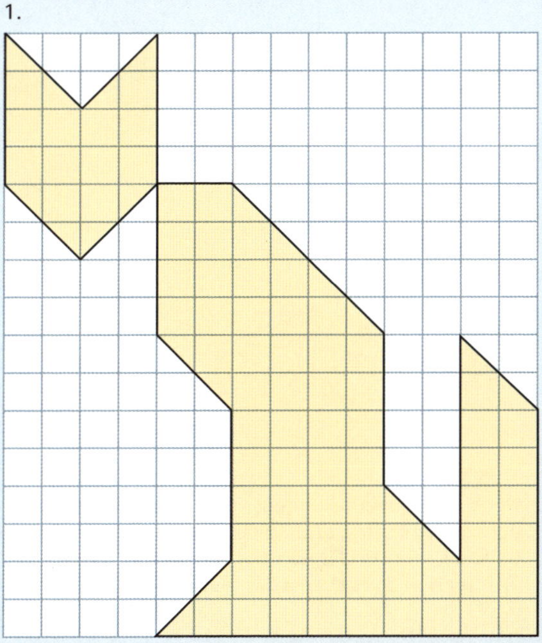

Seite 21

2. a) $6\ cm : 3 = 2\ cm$
   In Wirklichkeit ist sie 2 cm lang.

   b) $6\ cm \cdot 50 = 300\ cm = 3\ m$
   In Wirklichkeit ist das Pferd 3 m lang.

3. Zusatzaufgabe
ohne Lösung (individuell)

Maßstab – Pläne

Seite 22

1.

	Grundriss		Wirklichkeit	
	Länge	Breite	Länge	Breite
Wohnung gesamt	12 cm	4 cm	12 m	4 m

Zusatzaufgabe:

	Grundriss		Wirklichkeit		
	Länge	Breite	Länge	Breite	Fläche
Schlafzimmer	4 cm	3 cm	4 m	3 m	$3\ m \cdot 4\ m = 12\ m^2$
Bad	2 cm	2 cm	2 m	2 m	$2\ m \cdot 2\ m = 4\ m^2$
Küche	3,5 cm	2 cm	3,5 m	2 m	7 m^2
Flur	3,5 cm	2 cm	3,5 m	2 m	7 m^2
Wohnzimmer	5,5 cm bzw. 3,5 cm	2 cm + 2 cm = 4 cm	5,5 m bzw. 3,5 m	2 m + 2 m = 4 m	$11\ m^2 + 7\ m^2 = 18\ m^2$

Die gesamte Wohnung ist $4\ m \cdot 12\ m = 48\ m^2$ groß.

Seite 23

2. Es gibt verschiedene Wege. Wenn du deinen Weg eingezeichnet und richtig gemessen hast, kann der Weg auf der Karte etwas länger sein, als hier angegeben ist. Entsprechend verändert sich die Länge des Wegs in der Wirklichkeit ($1\ cm \cdot 10000 = 10000\ cm = 100\ m$).

   a) Auf der Karte: ungefähr 6 – 7 cm
   In Wirklichkeit: zwischen 600 und 700 m

   b) Auf der Karte: ungefähr 7,5 cm
   In Wirklichkeit: ungefähr 750 m

   c) Auf der Karte: ungefähr 7 cm
   In Wirklichkeit: ungefähr 700 m

Noch mehr Erläuterungen, Tipps und Übungen zum Vergrößern, Verkleinern und Maßstab findest du auf Seite 96 - 98 von ***Fit fürs Gymnasium Intensiv-Trainer 4 → 5 Mathematik*** (978-3-507-23272-3).

Symmetrie

Achsensymmetrie

Seite 24

1. ohne Lösung (individuell)

Seite 25

2. a) ohne Lösung
   b) A und C
   c) Achsensymmetrisch sind A und C.

3.

Figuren mit mehreren Symmetrieachsen

Seite 26

1. Die folgenden Figuren haben eine oder mehrere Symmetrieachsen:

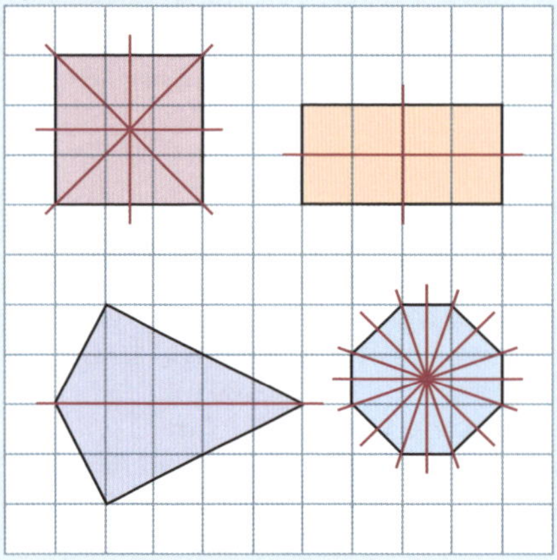

2.

Seite 27

3.

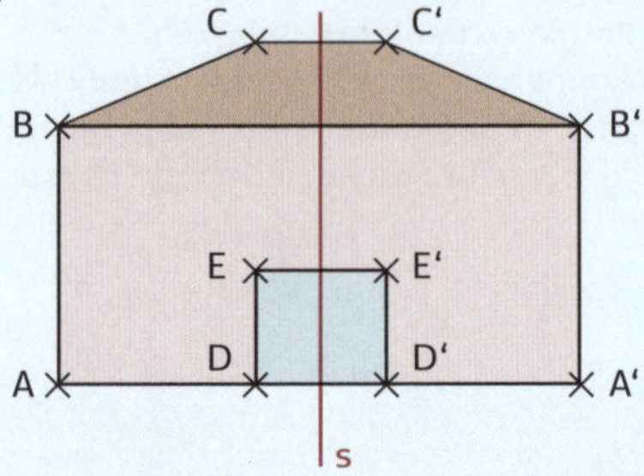

Die Punkte D, E, E' und D' sind die Tür des Hauses.

4.

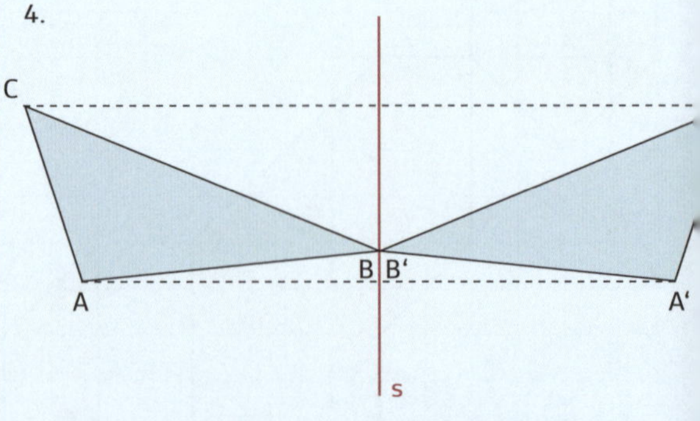

Noch mehr Erläuterungen, Tipps und Übungen zu Achsensymmetrie und Spiegelung findest du auf Seite 91 - 93 von ***Fit fürs Gymnasium Intensiv-Trainer 4 → 5 Mathematik*** (978-3-507-23272-3).

Drehsymmetrie

Seite 28

1. Folgende Figuren sind drehsymmetrisch:

A

B

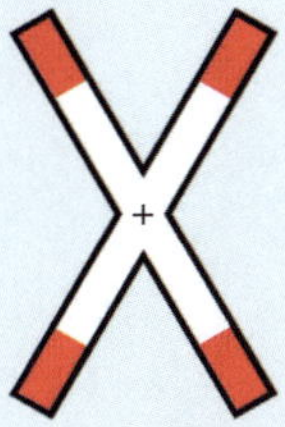

C

D

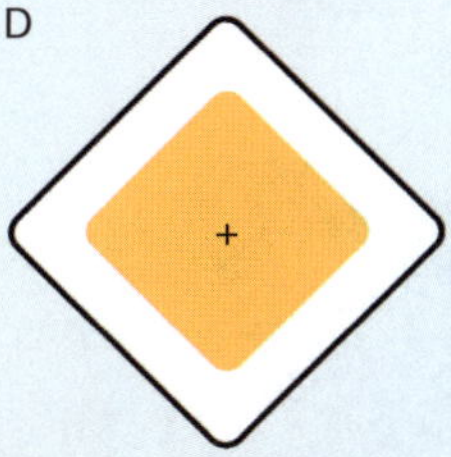

E

F

Zusatzaufgabe:
Achsensymmetrisch sind die Figuren A, B, D, G und H.

Seite 29

2.

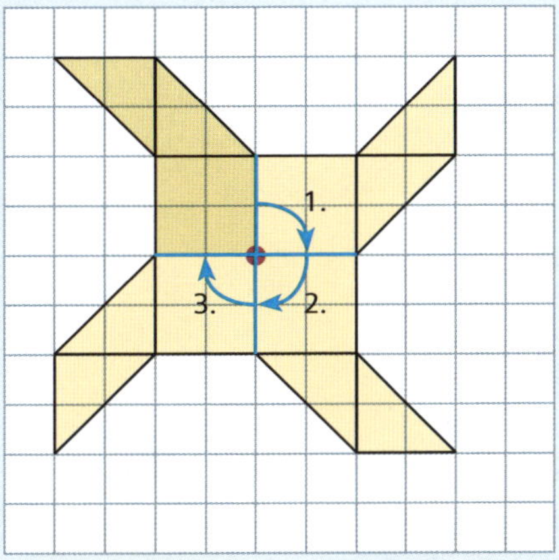

3.

(1)

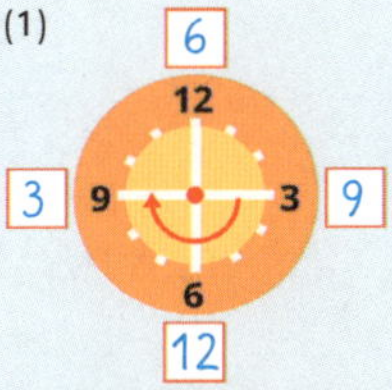

(2)

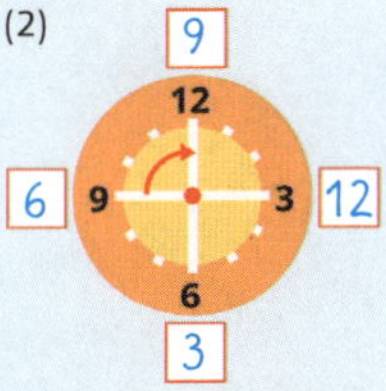

(3)

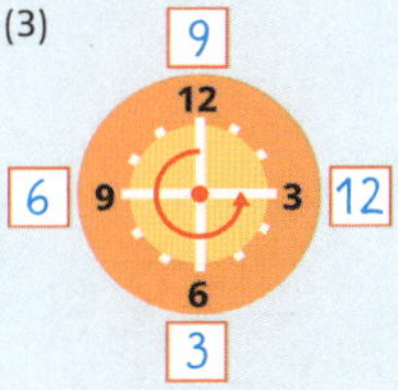

(4)

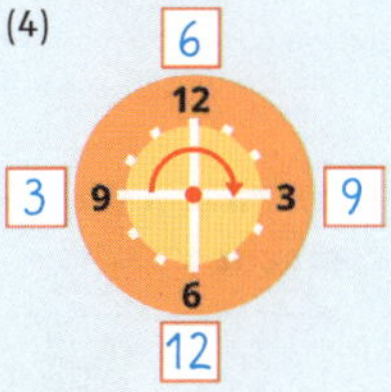

Kreise und Muster

Umgang mit dem Zirkel

Seite 30

1.

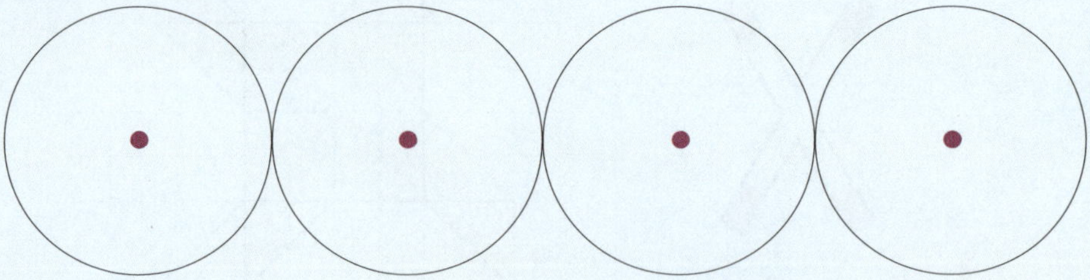

Seite 31

2.

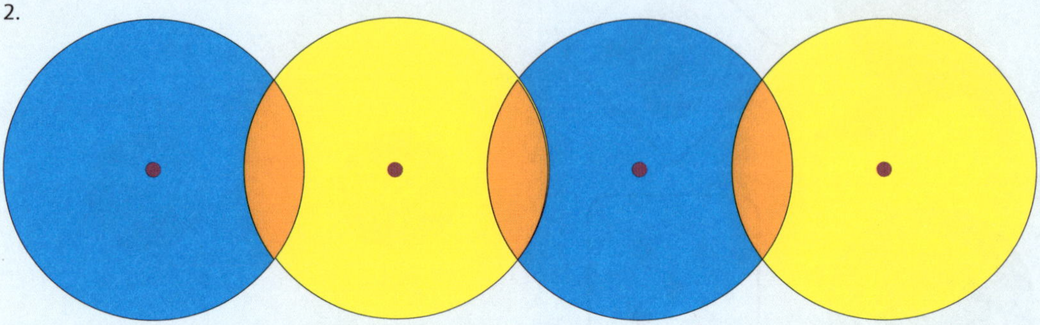

3. An diesen Stellen musst du mit dem Zirkel einstechen:

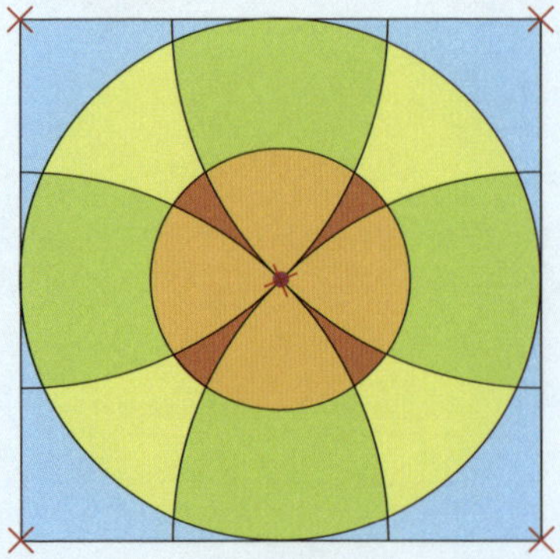

Bandornamente und Parkettierungen

Seite 32

1.

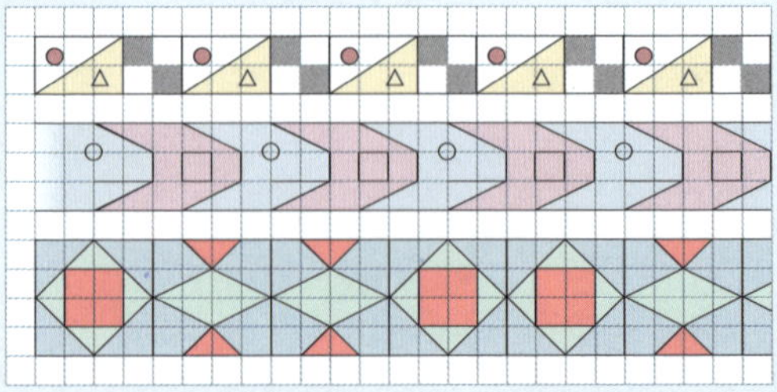

Es gibt viele Möglichkeiten für ein eigenes Bandornament. Beispiel:

Seite 33

2. a)

Man braucht 4 Farben.

b)

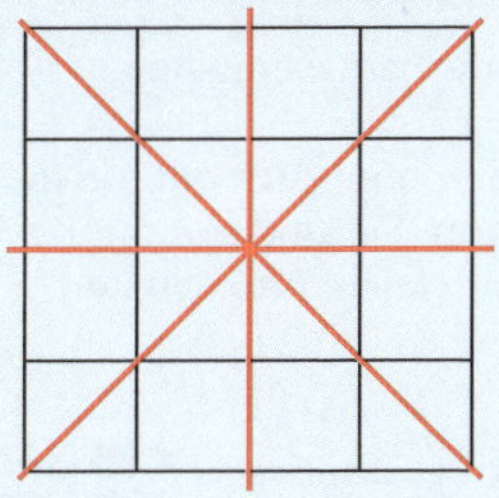

Es sind 4 Symmetrieachsen.

c) Es gibt verschiedene Möglichkeiten, die Dreiecke einzuzeichnen, es sollten aber immer diese 4 Größen sein:

Es gibt Dreiecke in 4 verschiedenen Größen.

Es gibt 16 ganz kleine (grün), 4 Dreiecke der 2. Größe (gelb), 8 Dreiecke der 3. Größe (rot) und 4 ganz große (blau).

Die Dreiecke der verschiedenen Größen überlappen sich zum Teil, daher kann man nicht alle auf einmal einzeichnen.

d)

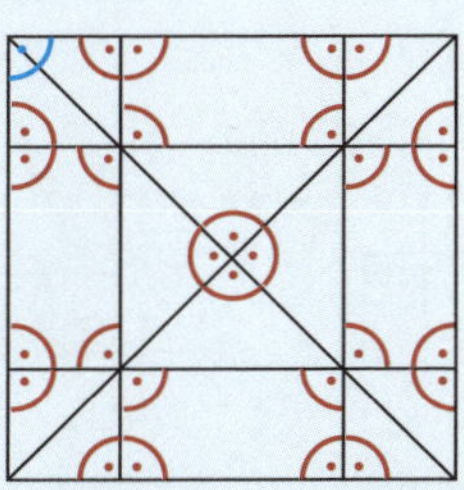

Es sind 28 rechte Winkel (rot eingezeichnet). (Wenn man auch die Winkel hinzunimmt, die durch eine Linie geteilt werden, wie der blau eingezeichnete oben links, kommen noch 12 weitere rechte Winkel hinzu. Dann sind es insgesamt 40 rechte Winkel.)

Seite 34

1.

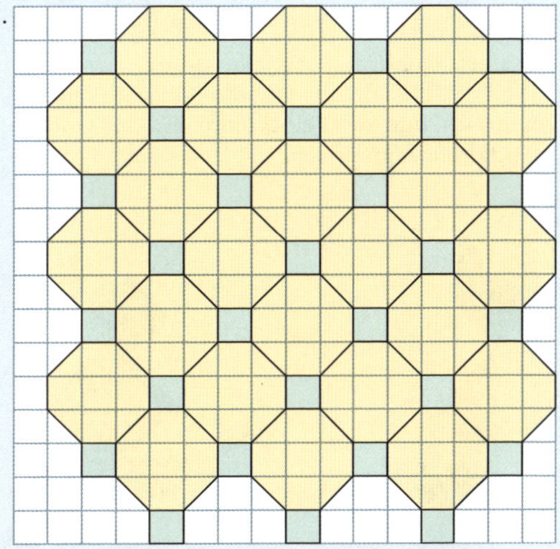

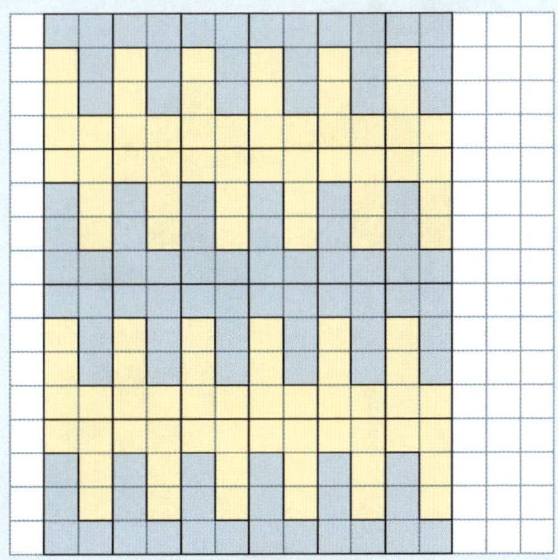

Andere Einfärbungen sind möglich.

Seite 35

2. Es gibt viele Möglichkeiten. Beispiel:

Tangram

Seite 36

1. Dreieck, Quadrat, Parallelogramm.
   Die Dreiecke und das Quadrat sind achsensymmetrisch, das Parallelogramm und das Quadrat sind drehsymmetrisch.

Seite 37

3.

Körper und ihre Eigenschaften

Körperformen

Seite 38

1. Mögliche Antworten:
   a) Quader: Schuhkarton, Buch, Spiel;
   Kugel: Tennisball; Würfel: Spielwürfel;
   Zylinder:Trinkglas, Chipsdose;
   Kegel: Pudelmütze, Vase;
   Pyramide: Spielzeug, ägyptische Pyramide, Verpackungen
   b) Am meisten: Quader; am wenigsten: Pyramide, Kegel
   Erklärung: Quader eignen sich gut, da man sie gut stapeln kann. Sie sind symmetrisch und aus Rechtecken leicht herzustellen.

Seite 39

2.

	Kugel	Kegel	Quader	Würfel	Pyramide	Zylinder
Anzahl der Ecken	0	1 Spitze	8	8	5	0
Anzahl der Kanten	0	1	12	12	8	2
Anzahl der Flächen	1	1	6	6	5	3

3. Richtig sind:
   a) (4) b) (1) und (3) c) (2) und (4)

Netze

Seite 40

1. A: Tomatendose; B: Müslipackung; C: Bonbons; D: Handcreme

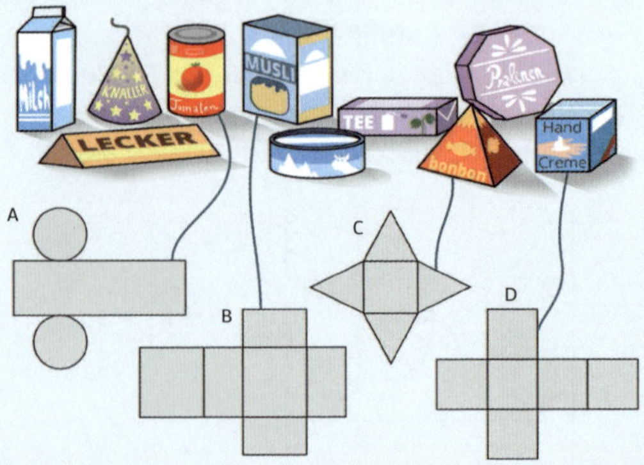

Seite 41

2. Ein Würfel lässt sich falten aus (1), (3), (4) und (5).

3. Ein Quader lässt sich falten aus (1), (2) und (5).

Würfel und Quader

Seite 42

1. (1) 6
   (2) 2
   (3) 7
   (4) Da bei einem Würfel alle Flächen gleich sind, ist die Würfelchance auf jede Zahl gleich groß.

Seite 43

2. 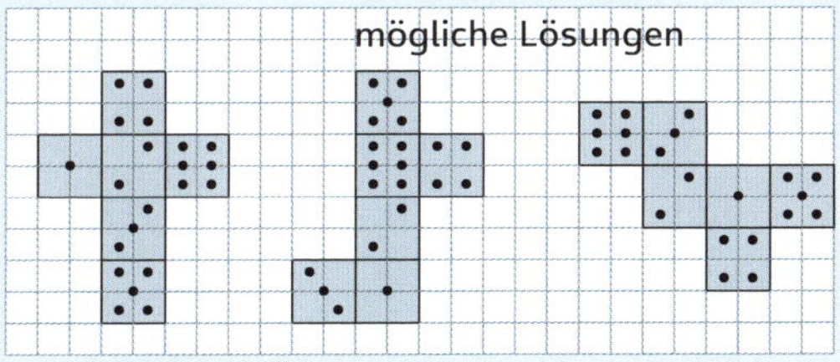

3. So könnte deine Schachtel aussehen:

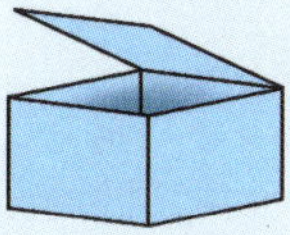

Noch mehr Erläuterungen, Tipps und Übungen zu Netzen von Würfel und Quader findest du auf Seite 99 - 101 von ***Fit fürs Gymnasium Intensiv-Trainer 4 → 5 Mathematik*** (978-3-507-23272-3).

Schrägbilder von Würfel und Quader

Seite 44

1. 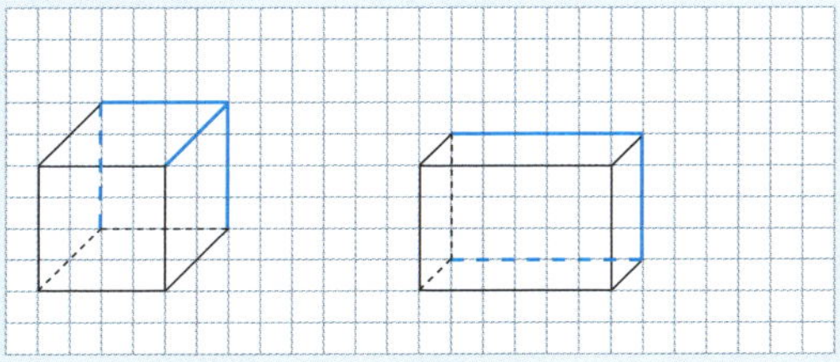

Seite 45

2. Gezeichnet in der Reihenfolge: 1, 2, 3, 4.

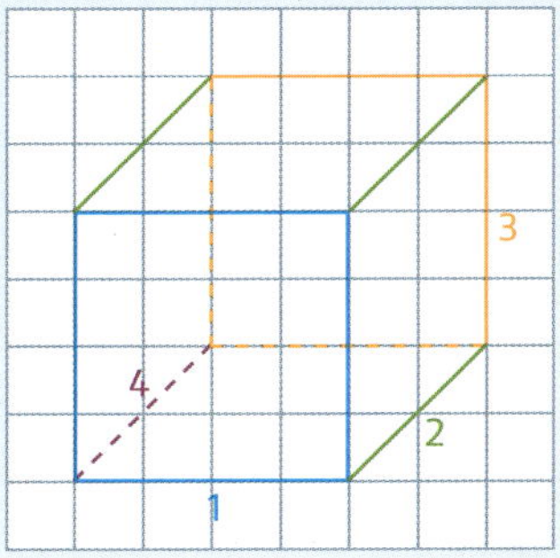

3. Gezeichnet in der Reihenfolge: 1, 2, 3, 4.

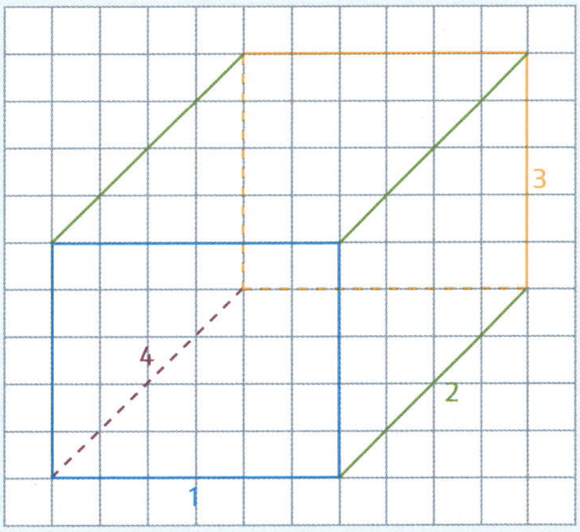

Noch mehr Erläuterungen, Tipps und Übungen zu Schrägbildern von Würfel und Quader findest du auf Seite 102 – 103 von ***Fit fürs Gymnasium Intensiv-Trainer 4 → 5 Mathematik*** (978-3-507-23272-3).

Körperansichten und Baupläne

Perspektive

Seite 46

1. (1) Elif (2) Jule (3) Tim (4) Matteo

Seite 47

2. Es ist Zeichnung (3).

3.

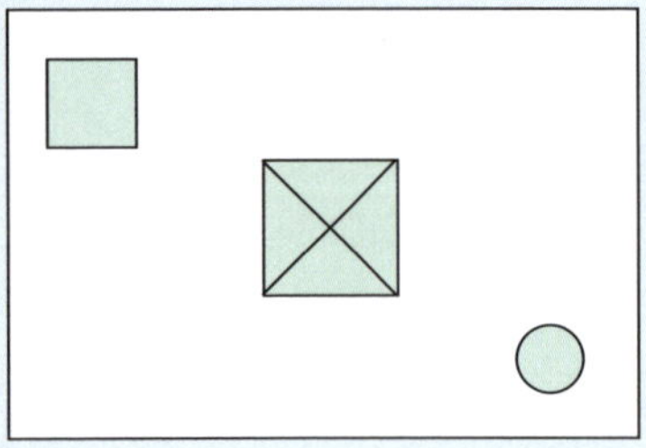

Würfelgebäude und Baupläne

Seite 48

1. (1) C (2) B (3) A

Seite 49

2. A

3	3	3	3
3	3	3	3

B

4	3	2	1
3	3	2	1
2	2	2	1
1	1	1	1

C

3	3	3	3	3
2	1	1	1	2
1	1	1	1	1

3.
(1) Francis (2) Mats (3) Lea

	1	3	
	2	2	
4	2	2	
3	1	1	

Schrägbilder im Punktegitter

Seite 50

1. Siehe Originalbild

Seite 51

2. a)

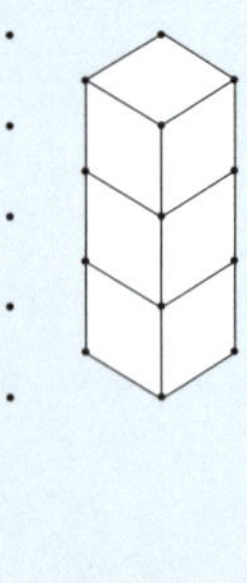

b)

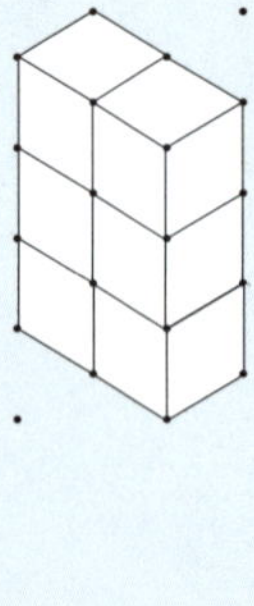

oder

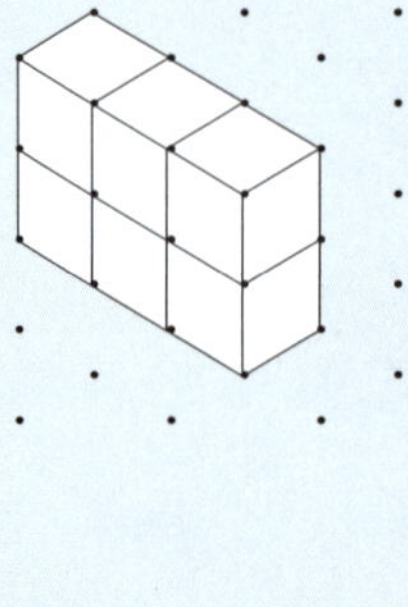

3.

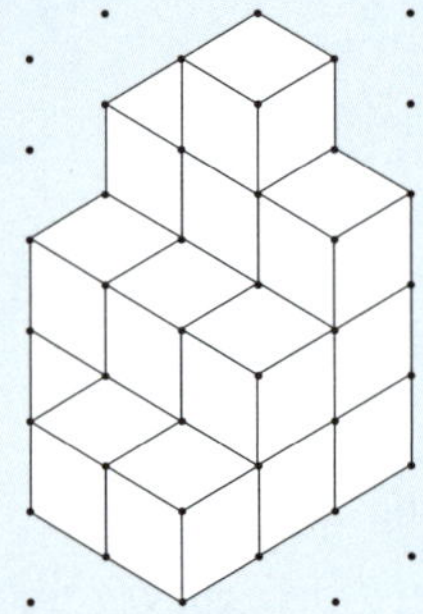

Rauminhalt

Seite 52

1. Es sind 60 Zentimeterwürfel.
(In jeder Schicht sind 5 · 4 = 20 Würfel und es gibt 3 Schichten.)

Seite 53

2. A: 3 · 4 · 3 = 36 B: 2 · 4 · 5 = 40
C: 3 · 5 · 3 = 45 D: 6 · 3 · 2 = 36
C hat den größten Rauminhalt, A und D haben den kleinsten Rauminhalt.

3. Es gibt verschiedene Möglichkeiten.
Beispiele:

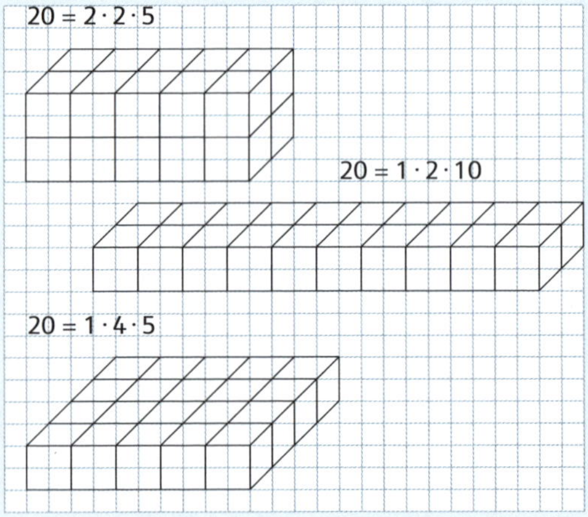